Königs Erläuterungen und Materialien
Band 39

Erläuterungen zu

William Shakespeare

Hamlet

von Reiner Poppe

Bange Verlag

Über den Autor dieser Erläuterung:

Reiner Poppe: Studium der Anglistik, Romanistik und Germanistik. Unterrichtstätigkeit im In- und Ausland.
Postgraduiertenstudium im Fachbereich Erziehungswissenschaften und „Interkulturelle Studien".
Langjährige Sonderaufgaben in der Lehrerausbildung und -fortbildung. Über viele Jahre mit der Leitung eines schulübergreifenden Projekts zur sprachlichen Integration von Jugendlichen mit Migrationshintergrund in Leverkusen (NRW) beauftragt.
Zahlreiche unterrichtsbezogene Veröffentlichungen zur amerikanischen, englischen und deutschen Literatur.

9., korrigierte Auflage 2009
ISBN 978-3-8044-1717-5

Titelabbildung: William Shakespeare
Druck und Weiterverarbeitung: Tiskárna Akcent, Vimperk

Vorwort

Der *Hamlet* als literarisches Kunstwerk ist in seiner Totalität kaum darstellbar.
Jeder, der über Shakespeares *Hamlet*-Tragödie schreibt, sieht sich daher sogleich zu einer Reihe von rückversichernden Erklärungen veranlasst, warum es nicht möglich ist, dem Stück gerecht zu werden, denn – einerlei wo man ansetzt, so äußern Shakespeare-Kenner – man bleibt dem *Hamlet* immer etwas schuldig. Das entlastet denjenigen ungemein, der dem Lernenden etwas zu Shakespeare und zum *Hamlet* vermitteln möchte. Dennoch bleiben genügend Skrupel bestehen, weil das, was man **in informierender und erläuternder Absicht** zu diesem wahrhaftigen ‚Koloss' der Weltliteratur mitteilen kann, noch einmal einer Reduktion unterliegen muss. Was bleibt dann da noch vom und zum *Hamlet*?
Wir hoffen, so viel wie der Lernende braucht, und sogar noch ein wenig mehr. Wenn es weniger ist, als dieser sich wünscht, um eine Tagesaufgabe, ein Referat oder eine Klausur vorzubereiten, dann wäre der Zweck dieses Bandes verfehlt. Vorweg sei jedoch klar mitgeteilt, dass dem Lernenden hier keine Texte für das Hausheft geschrieben worden sind. Wir möchten ihn in seinem **eigenständigen Lernen** lediglich unterstützen. Den *Hamlet* zu lesen, mag frustrierend sein, über ihn nachzudenken noch um einiges mehr. Beides jedoch lohnt sich. Zweierlei ist dann aber nötig: **Offenheit** auf der Seite desjenigen, der sich mit ihm befassen muss, und **Zurückhaltung** auf der Seite dessen, der mit seinem Wissensvorsprung und ausgestattet mit dem staatlichen Auftrag zu ‚bilden und zu erziehen' dem Lernenden gegenüber steht. Am *Hamlet* sind **viele Entdeckungen** zu machen, und bereits ein kollektiver ‚Lese-Spaziergang' durch das Drama kann zu einem prägenden Erlebnis

für jugendliche Leser werden. Shakespeares *Hamlet* ist mehr als nur eine blutige „Rachetragödie". Moderne Interpreten gehen so weit, ihn als „die Tragödie der Vernunft"[1], als einen „Beitrag zur Reflexion über die Verantwortlichkeit der Intellektuellen"[2] zu sehen. Die Tragödie hat offenbar auch einen hohen politischen **Aktualitätsgehalt**.
Die vorliegende Hilfe zum Lesen und Erschließen des schwierigen Dramas wartet nicht mit einer schlüssig entwickelten Interpretation auf. Eine solche würde den Lernenden im Aufbau eines eigenen Textverständnisses allzu sehr einengen. Stattdessen stellt sie sich als ein **Arrangement von Lern-Bausteinen** dar. Eine relativ kurz gefasste **Inhaltsangabe** führt an die vielfältigen Fragen und Problemstellungen des Dramas heran, die in **Einzelcharakteristiken** der Hauptfiguren gespiegelt werden. Ein großer Anteil der Sachinformationen ist naturgemäß auf die **Zentralfigur der Tragödie**, den Prinzen Hamlet von Dänemark, zugeschnitten. Ihm ist auch ein kleines **Spektrum an Deutungsansätzen** zugeordnet, durch die der Lernende zugleich mit Sichtweisen konfrontiert wird, die das Drama als Ganzes in das Blickfeld nehmen. Das Kapitel Zur *Hamlet*-Rezeption lenkt die Aufmerksamkeit auf zwei **Traditionslinien**: die Realisation der Tragödie vornehmlich durch englischsprachige Bühnen und Bühnenensembles sowie auf seine Filmgeschichte. Es schließt eine kleine Auswahl an **Stellungnahmen und Kritiken** zu Hamlet-Aufführungen des vergangenen (20.) Jahrhunderts ein.
Die aufgelisteten **Themen und Aufgaben** verstehen sich als Anregungen für Lernende und Unterrichtende. Sie gliedern sich in eine analytisch-interpretatorische und eine kreativ-produktive Vorschlagsreihe.

---

1 vgl. Detlef Brennecke: *Shakespeares Hamlet – Die Tragödie der Vernunft.* In: Shakespeare-Jahrbuch (West) 1974, S. 201

2 A. Posener, *William Shakespeare*, S. 125

Mit dem relativ weit gefassten **Literaturverzeichnis** gehen wir bewusst über das halbe Dutzend Angaben hinaus, mit dem der jugendliche Lerner bereits die wichtigsten literarischen und außerliterarischen Bezüge der Tragödie aufarbeiten könnte.
Die eingestreuten **Grafiken/Schaubilder** in den Kapiteln **1.3, 2.3, 2.4 und 2.6** sind als Beispiele und Möglichkeiten zu sehen, wie komplexe Zusammenhänge übersichtlich angeordnet werden können; sie beanspruchen keineswegs ‚gültige' Vorgaben zu sein.
Akt-, Szenen- und Versangaben aus dem *Hamlet* schließen sich unmittelbar an das betreffende Zitat an, Textgrundlage dieser Erläuterung ist dabei die zweisprachige Reclam-Ausgabe RUB 8243.
Im Ganzen ist dieser neue **Hamlet**-Erläuterungsband unserer Reihe gegenüber seinem Vorgänger-Band detaillierter und leserfreundlicher angelegt. Wir wünschen allen Lernenden Freude und Erfolg.

Reiner Poppe

1. William Shakespeare: Leben und Werk

1.1 Biografie

Jahr	Ort	Ereignis	Alter
1558	London	Elisabeth I. wird Königin von England	
1564	Stratford-on-Avon	**William Shakespeare** geboren (23. April)	
1568	Stratford	John Shakespeare, der Vater W. Sh.'s, wird Bürgermeister	4
1570	London	Londons Theater bleiben für reisende Schauspieler geschlossen	6
1572	Stratford	W. Sh. besucht die Lateinschule	8
	London	Die *Lord-Leicester-Schauspielergruppe* wird gegründet; ihr wird sich W. Sh. anschließen	
1577	London	*Holinshed's Chronicles* veröffentlicht; aus dieser historisch-literischen Quelle wird W. Sh. viele Anregungen gewinnen	13
1578	Stratford	W. Sh.'s Eltern geht es wirtschaftlich schlecht	14
1582	Stratford	W. Sh. heiratet die sechs Jahre ältere *Anne Hathaway*; dieser nicht immer harmonischen und einfachen Ehe erwachsen drei Kinder (Suzanna *1583; Hamnet und Judith *1585)	18

1587	London	W. Sh. verlässt seine Heimatstadt	23
1592	London	Innerhalb kurzer Zeit hat sich W. Sh. in der Londoner Theaterwelt einen Namen gemacht. Er ist auch als Geschäftsmann erfolgreich[3] Verheerende Pest in London	28
1594	London	Die Schauspielergruppe *Lord Chamberlain's Men* wird gegründet; W. Sh. ist Gründungsmitglied	30
1596	London/ Stratford	W. Sh. darf ein Familienwappen führen	32
1597	Stratford	W. Sh. kauft *New Place*, das größte Haus im Ort	33
1598	London	Das *Globe Theatre* wird fertig gestellt; W. Sh. ist Teilhaber	34
1602	Stratford	W. Sh. kauft weiteren Grundbesitz in und um Stratford	38
1603	London	Tod Königin Elisabeth	
1608	London	Das *Blackfriars Theatre*, seit 1597 Privattheater, wird genossenschaftlich verwaltet: W. Sh. ist Teilhaber	44
1612	London/ Stratford	W. Sh. hält sich wieder mehr in seiner Heimatstadt auf	48
1613	London	Das *Globe Theatre* brennt nieder, wird jedoch umgehend wieder aufgebaut	
1616	Stratford	**Tod William Shakespeares** am 23. April; er wird zwei Tage später beerdigt	52

3 Die Werke William Shakespeares, der ca. 1592 den Durchbruch in London schaffte und zum größten Dramatiker aller Zeiten avancierte, sind im Kapitel 1.3 aufgeführt.

1.2 Zeitgeschichtlicher Hintergrund

William Shakespeares produktivste Schaffensjahre fielen in die Blüte der Regentschaft Elisabeth I. von England, die der Epoche ihren Namen gab: das **Elisabethanische Zeitalter** (Regentschaft: **1559–1603**). Es war ein schillerndes halbes Jahrhundert, in dem sich nicht allein England, sondern die ganze Welt veränderte. Die Behauptung, Shakespeare wäre ohne Elisabeth nicht zum größten Dramatiker der Welt aufgestiegen, mag ein wenig übertrieben klingen. Es ist jedoch unbestritten, dass sie die Kunst und das Theater gefördert hat wie niemand zuvor und kein anderer nach ihr.
Das Elisabethanische Zeitalter ist nicht einfach zu charakterisieren. Trotz seiner enormen Aufbruchs- und Veränderungsdynamik war es in sich nicht geschlossen und in seinen geistigen Orientierungen keineswegs einheitlich ausgerichtet. Im Gegenteil: diese Epoche, die als eine der zentralsten in der Geschichte der Neuzeit gilt, gewann ihr besonderes Profil durch die unablässigen Richtungskämpfe, die in allen Lebensbereichen – gesellschaftlich, politisch, wirtschaftlich und geistig – geführt wurden. Königin Elisabeth I. regierte ihr Land klug und mit starker Hand. Könige und Kanzler, Eroberer und Historiker, Schriftsteller und Künstler in großer Zahl wurden nicht müde, sie zu rühmen. Natürlich fehlte und fehlt es nicht an Gegenstimmen, die ihr schwere Fehler und Versäumnisse vorgeworfen haben. Das Resultat ihrer enormen Leistungen jedenfalls ist historischer Fakt: sie hat England aus seiner „insularen Abgeschiedenheit zu einer mitbestimmenden Macht in der europäischen Staatenwelt" geführt.[4]
Elisabeth übernahm im Alter von 25 Jahren die Staatsführung, unterstützt von wohlmeinenden, politisch weitblickenden und

4 H. Nette, S. 144

klug taktierenden Ministern. Als ihre rechte Hand wird immer wieder Sir William Cecil (1520–1598) genannt, ein Fachmann in Verwaltungsangelegenheiten und souveräner Ratgeber in politischen Entscheidungsfeldern. Die Königin war eine gebildete und den Künsten zugewandte Dame von Welt. Sie war aber auch mutig und sehr eigenwillig, auf der anderen Seite erstaunlich unentschlossen und entscheidungsträge. Doch vielfach war es gerade diese Zögerlichkeit (am deutlichsten abzulesen in der Frage um Maria Stuarts Hinrichtung), die sich auszahlte. Sie konnte warten („Dinge aussitzen", würden wir heute sagen), war jedoch klug genug, dem Drängen der Öffentlichkeit nachzugeben oder dem Rat ihrer Minister zu folgen. Innenpolitisch setzte Königin Elisabeth im Wesentlichen fort, was ihr Vater, Heinrich VIII., der wohl berühmteste und berüchtigste englische König, begonnen hatte: die Reformation, d. h. die Ablösung von der katholischen Kirche und die Stützung geistiger und religiöser Toleranz. Im Alltag wurden dieser bedeutende Wandel erst unter Königin Elisabeth I. richtig spürbar. Gegen den Hochadel und die geistliche Allianz begann sich das Volk auf sich selbst zu besinnen. Auch kulturell war in England der Boden für deutliche Veränderungen durch die italienische Renaissance vorbereitet. Mehr und mehr zog es Künstler und Wissenschaftler nach London, aber auch Spekulanten und Abenteurer. Die Stadt brodelte vor Lebendigkeit, und neben geistiger Elite bevölkerte sie auch eine breite Elendschicht von Kranken und

Heinrich VIII (reg. 1509–1547)
Edward VI. (reg. 1547–1553)
Mary I. v. Engl. (reg. 1553–1558)
Elisabeth I. (reg. 1558–1603)

vergeblicher Versuch der schottischen Königin Mary I. (reg. 1542–1567), Königin von England zu werden. Sie wurde am 8. Februar 1587 hingerichtet.

Nachfolger von Elisabeth I. wurde der schottische König James VI. als James I. von England (reg. 1603–1625)

Mit James I. löste ein König aus dem Hause der „Stuarts" die Herrschaft der „Tudors" ab.

Ausgestoßenen, Kriminellen und Arbeitsscheuen. Soldaten lungerten herum, Handwerker und Händler machten sich lautstark bemerkbar, Diplomaten und Agenten reisten mit geheimem Gepäck. In London gab sich die ganze Welt ein Stelldichein, und von London aus wurde die Welt erobert. Drake und Raleigh stehen für den Expansions- und Eroberungsgeist des Inselreichs unter seiner couragierten Regentin. Oxford und Cambridge, die beiden ruhmreichen Universitäten, wurden gegründet; prachtvolle Bürgerhäuser enstanden (*Tudor architecture*); große Namen in Kunst und Wissenschaft gingen um die Welt: Edmund Spenser (1552–1599), Christopher Marlowe (1564–1593), John Donne (1573–1631) oder John Milton (1608–1674). William Shakespeare krönte diese Runde etwa ab 1595, als seine Werke nicht weniger bekannt waren als die seiner Vorgänger oder die zahlreicher zeitgenössischer Konkurrenten.

In diesem Schmelztiegel von Politik und Kunst, des lebhaften Handels und der Geldaristokratie, des Frohsinns und der Weltoffenheit, aber auch des religiösen Argwohns und der Intoleranz, der Missgunst, des Elends und der dunklen Intrigen im Schatten des rabenumflatterten Tower also war William Shakespeare zu Hause, mittendrin im Gewoge der Metropole. Er war ein sehr genauer Chronist seiner Zeit, immer auf der Höhe der Ereignisse, doch stets weit genug davon entfernt, um zwischen die Mahlsteine von Macht und Bedeutungsstreben zu geraten. Er war ein Dichter, der die Stille und die Abgeschiedenheit ebenso brauchte und liebte wie jede anregende Betriebsamkeit. Hören wir, wie sich der Shakespeare-Kenner Joseph Papp den Dramatiker bei der Arbeit an der *Hamlet*-Tragödie vorstellte:

„Imagine him walking down one of the narrow cobblestoned streets of London, or perhaps drinking a pint of beer in his local alehouse. Suddenly his mind catches fire with an idea, or a sentence, or a previously elusive phrase. He is burning with impatience to write it down (...) He rushes back to his lodgings on Silver Street, ignoring the vendors hawking brooms, the coaches clattering by, the piteous wails of beggars and prisoners. Bounding up the stairs, he snatches his quill and starts to write furiously, not even bothering to light a candle against the dusk (...) Taking a deep breath, he lights a candle now that it's dark, sits down and begins again. By the time the candle has burned out and the noisy apprentices of his french Huguenot landlord have quieted down, Shakespeare has finished Act 3 of Hamlet with scarcely a blot."[5]

Shakespeare hatte sich in den Theaterkreisen der Stadt als Künstler und Geschäftsmann rasch durchgesetzt, als er um 1590 in London zunächst als Schauspieler, dann als Dramatiker erste Erfolge einheimsen konnte. Wann genau er in London eintraf, ist mit Bestimmtheit nicht zu sagen. Die Jahre zwischen 1585 und 1592 werden deshalb auch als „the lost years" bezeichnet, die verlorenen Jahre in seiner Biografie.[6] Zu diesem Zeitpunkt war London erst auf dem Wege die bedeutendste Theaterstadt Europas zu werden, und Shakespeare stand ganz am Anfang seiner Karriere.

Zwei Momente kristallisierten sich als bedeutsam und kennzeichnend für das Theater der Zeit heraus, das man als das **Elisabethanische Theater** bezeichnet: a) das Theater als Erlebnisort für alle Bevölkerungsschichten und b) die Genossenschaftlichkeit des Theaters. An beiden Entwicklungen hatte William Shakespeare maßgeblichen Anteil. Das

5 Joseph Papp, *Foreword*, S. IX
6 Vgl. E. A. J. Honigmann, S. 1

Bühnenleben mit allem Drumherum (Ausrufer, werbende Stelzengänger, Plakatdrucker und Plakatkleber, Agenten und Schauspieler, Kostümemacher und Stückeschreiber u. v. a. m.) begann in London ab 1580 regelrecht zu ‚boomen'. Es wurde gespielt, wo immer sich eine Gelegenheit bot, auf Jahrmärkten und in Kneipen, bei Hofe und nun auch immer häufiger in festen Theatergebäuden. Ihre Zahl wuchs in wenigen Jahren von zwei Theaterhäusern auf bald mehr als zehn an. Berühmt waren *The Theatre* (das älteste), *The Curtain, The Rose, The Swan, The Blackfriars* und *The Globe* (Shakespeares Bühne). Man muss sich die ersten Theater als Orte vorstellen, in denen die Besucher sich einen herrlichen Nachmittag machten. Es wurde munter parliert, kreuz und quer gerufen, man trank und amüsierte sich, Selbstdarsteller suchten ihren Auftritt, und in festgelegten Bühnenbereichen wurde dann das richtige Schauspiel vorgeführt, in das die Zuschauer nicht selten johlend eingriffen, namentlich die auf den billigsten Plätzen, die Gründlinge. Anschließend ging es in die umliegenden Vergnügungsviertel der Stadt, und die Stadtväter hatten alle Hände voll zu tun, dem Treiben, das Anstand und öffentliche Moral gefährdete, Einhalt zu gebieten. Die Schauspieler selbst agierten auf in vier Bühnenbereichen, der *main stage – rear stage – upper stage – under stage.* Alles war funktional und auf Tempo hin angelegt; man hatte nicht viel Zeit für den Umbau von Kulissen, wenn überhaupt.[7] Es musste stets etwas geboten werden auf der Bühne, um die Zuschauer zu fesseln und zum Wiederkommen zu bewegen. Kein Wunder, dass sich in den Bühnenstücken der Zeit die Leichen türmten. Die englische Geschichte bot reichlich Stoff dazu, und das ***revenge play***

7 Die Anforderungen, die William Shakespeare an die Bühnengestaltung stellte, trugen erheblich dazu bei, dass die Bühnenausstattung und die Bühnentechnik immer reicher und in ihren Möglichkeiten differenzierter wurden. Der Name Inigo Jones (1573–1652) steht für die fantasievolle Erweiterung der Möglichkeiten.

(Stück mit einem Rachemotiv) wurde zum Markenzeichen des Elisabethanischen Theaters. Es herrschte eine starkes Konkurrenzverhältnis, und nur die Besten konnten sich in den Mittelpunkt des Interesses spielen. Je größer jedoch die Konkurrenz untereinander war, desto professioneller entwickelte sich die Schauspielerzunft. Wer nicht mithalten konnte, rutschte ab zum *strolling actor* in der Provinz als Akteur dürftiger Unterhaltungskost für ein anspruchsloses Publikum.[8]

Shakespeare gelang es, sich als Schauspieler, bald als *master actor* einen Namen zu machen, der überdies ein ungewöhnlich erfindungsreicher Stückeschreiber war. Seinen weiteren Aufstieg hatte er der Förderung öffentlicher Schauspielkunst und fortschrittlich-unternehmerisch denkenden Geschäftsleuten und Künstlern zu verdanken. Bereits 1595 war er einer der Köpfe bei den *Chamberlain's Men*, einer engagierten und hochangesehenen Schauspielertruppe. Von den Erfolgen der Truppe profitierten in erster Linie die Erfolgsträger, zu denen William Shakespeare zählte. Als 1599 das *Globe Theatre* gebaut wurde, war er gar Teilhaber (sharer), eine Art Verwaltungsdirektor, zuständig für das Wohl und Wehe des Theaters und seiner Angestellten. Unter James I. wurde die Truppe in *King's Men* umbenannt und damit zur unumstritten führenden Theatertruppe des Landes (1603). Nur fünf Jahre später erwarb Shakespeare Anteile am *Blackfriars Theatre* (1608) und vergrößerte damit seinen Einflussbereich in der Londoner Theaterszene. Auch außerhalb Londons legte er sein Geld in Grundstücken und Häusern an. Es steht außer Frage, dass William Shakespeare nach den Maß-

Elisabethanisches Theater:
Schaubühne für alle Schichten; Unterhaltung und Amüsement; Professionalisierung und Genossenschaftlichkeit; Aufstieg Shakespeares zum führenden Dramatiker und erfolgreichen Geschäftsmann

8 Reisende Schauspielertruppen gab es in England bereits im frühen 16. Jahrhundert.

stäben der Zeit um 1610 ein allgemein respektierter Bürger war, der es zu etwas gebracht hatte, mehr noch ein umjubelter Theaterstar, dem die Massen zu Füßen lagen und der sich der besonderen Gunst des Königshauses erfreute.

In grober Unterscheidung übernahmen die Elisabethanischen Dramatiker aus der Antike die beiden Gattungen der **Tragödie** und **Komödie**, gingen aber frei mit ihnen um. Als zweite Grundlage wurden die aus der Tradition der eigenen Literatur kommenden *mystery plays* und *morality plays* aufgegriffen und weiterentwickelt.[9] Aus beiden übernahm auch Shakespeare wesentliche Elemente, wie überhaupt von einem gegenseitigen Geben und Nehmen der etwa gleichaltrigen Dramatiker ausgegangen werden darf, jedoch nicht immer im wechselseitigen Einverständnis (Schaubild S. 19).

tiefgreifender Wandel des Weltbildes

Das Welt- und Menschenbild der Zeit, das sich vielfach in William Shakespeares Werk spiegelt und von ihm kühn überwunden wurde, unterlag einem gewaltigen Wandel, den wir heute kaum mehr ermessen können. Auf eine knappe Formel gebracht, erlebten die Menschen den Wechsel „vom theozentrischen Weltbild des Mittelalters zum anthropozentrischen Weltbild der Neuzeit."[10] Nach der Vorstellung der Menschen bis zur zweiten Hälfte des 16. Jahrhunderts war das Leben insgesamt in einem hierarchischen Gefüge organisiert, in dem jeder und alles einen festen Platz innehatte. Die Totalität des Universums wurde allgemein als Werk Gottes interpretiert. Auf der Erde nahm der gebildete Mensch den höch-

9 Unter *mystery plays* versteht man die in der mittelalterlichen Tradition stehenden zyklischen Gestaltungen vornehmlich biblischer Themen; in den *morality plays* ging es meistens um ethische Entscheidungskonflikte einzelner Personen.

10 U. Baumann, S. 7

sten Platz in einer festgelegten Hierarchie ein.[11] Mit seiner einmaligen Gabe der Verunft (ratio) verkörperte er das unmittelbare Abbild Gottes („Spiegel und Modell der gesamten Schöpfung"[12]). Der König/die Königin war demzufolge die selbstverständlich akzeptierte Spitze dieses Daseinsentwurfs mit gottesgleicher Macht und Autorität. Die Menschen wurden in Charaktergruppen eingeteilt, je nachdem, welcher der vier Körpersäfte - analog zu den vier Elementen - ihn beherrschte: schwarze Galle (Melancholiker), Schleim (Phlegmatiker), rotes Blut (Sanguiniker) oder rote bzw. gelbe Galle (Choleriker). Freilich hatte dieses Gefüge seit Adams und Evas Sündenfall Risse, und über dem irdischen Dasein lauerten Verhängnisse und ungünstige Konstellationen der Gestirne. Shakespeares Werk ist voll von Bezügen zu dieser Vorstellungswelt. Seine Modernität, der die Zeitgenossen nicht immer folgen konnten, lag darin, diese Welt und Werte in Frage gestellt und den Menschen zu einem entscheidungsfähigen sowie entscheidungswilligen Individuum gemacht zu haben, freilich oft genug im Widerstreit mit sich selbst oder mächtigen, von ihm nicht zu beeinflussenden Kräften. Gerade im Ländlichen, in dem der Dramatiker die wichtigsten Jahre seines Lebens verbrachte, hielten sich die traditionellen Werte im Alltag der Menschen länger als im ‚Sündenbabel' London. In Stratford, dem gut zwei Tagesritte von der Hauptstadt entfernt gelegenen Marktflecken, konnte der junge William Shakespeare noch in allen Ecken pures Mittelalter erleben. Seine Komödien und Dramen enthalten in Hülle und Fülle Reminiszenzen an dörfliches Leben, an Sitten und Gebräuche,

---

11 Anschaulich dargestellt als ein Treppendiagramm bei U. Baumann, S. 8. Der Autor bezieht sich dabei auf M. Hussey, *The World of Shakespeare and his Contemporaries*. Der Leser sollte sich mithilfe der angegebenen Literatur in das Welt- und Menschenbild der Elisabethaner tiefer einlesen. Der ganze Reichtum in Shakespeares Bühnenstücken erschließt sich durch eine entsprechende Hintergrundkenntnis erst wirklich.

12 U. Baumann, S. 10

an harmlos-hintergründige Spiele und dunklen Aberglauben, aber auch die ironisierende Abkehr und die teilweise witzige, teilweise zynische Aushöhlung der Denk- und Handlungsmuster seiner Zeit. Souverän, doch auch mit spürbarer Liebe zum Detail benutzte er dabei die Erinnerungsfundgrube seiner Stratforder Kindheit und Jugend, auch im *Hamlet*, wie noch zu zeigen sein wird.

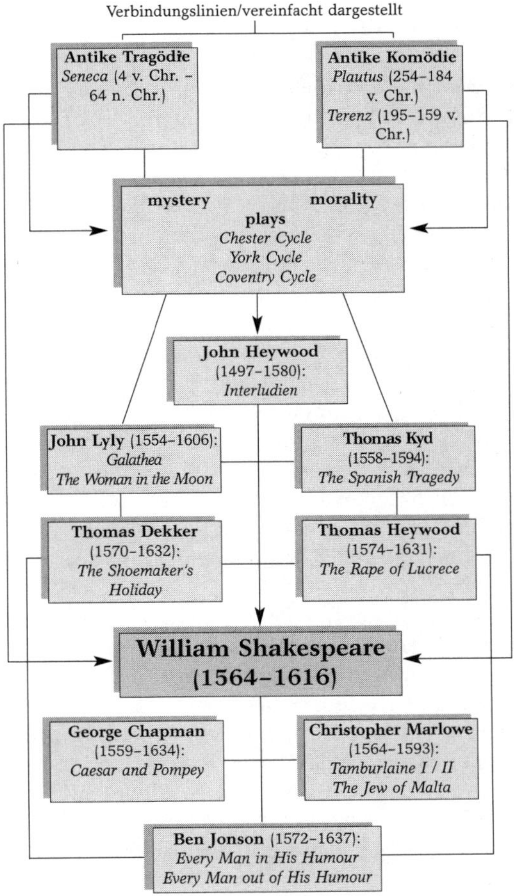
Verbindungslinien/vereinfacht dargestellt
Antike Tragödie
Seneca (4 v. Chr. – 64 n. Chr.)
Antike Komödie
Plautus (254–184 v. Chr.)
Terenz (195–159 v. Chr.)
mystery
morality
plays
Chester Cycle
York Cycle
Coventry Cycle
John Heywood (1497–1580):
Interludien
John Lyly (1554–1606):
Galathea
The Woman in the Moon
Thomas Kyd (1558–1594):
The Spanish Tragedy
Thomas Dekker (1570–1632):
The Shoemaker's Holiday
Thomas Heywood (1574–1631):
The Rape of Lucrece
William Shakespeare (1564–1616)
George Chapman (1559–1634):
Caesar and Pompey
Christopher Marlowe (1564–1593):
Tamburlaine I / II
The Jew of Malta
Ben Jonson (1572–1637):
Every Man in His Humour
Every Man out of His Humour

1.3 Angaben und Erläuterungen zu wesentlichen Werken

Shakespeares Werk-Kosmos wird durch die nahezu 40 Bühnenstücke bestimmt. Dazu zählen Komödien, bedeutende Königs-Dramen, die sog. *Roman Plays*, *Romeo and Juliet*, die berühmten großen Tragödien *(Hamlet, Othello, King Lear, Macbeth)* sowie *Pericles* und *The Noble Kinsmen* (Shakespeares letztes Stück). Komplettiert wird dieses Werk durch die frühen Versepen *Venus and Adonis, The Rape of Lucrece* und die 154 *Sonnets*/Sonette. Die Komödien gliedern sich noch einmal in vier Untergruppen, die nach ihrem Charakter und Entstehungszeitraum unterschieden werden.

Ein vielseitiges, umfangreiches, gewichtiges – in der Weltliteratur einmaliges – Werk

Das mächtige Gefüge der Königs-Dramen setzt sich aus zwei Tetralogien zusammen, die jeweils von einem Königs-Drama eingerahmt werden.[13]

Ohne anderen Stücken Unrecht zu tun oder ihre Bedeutung zu unterschlagen, muss zugestanden werden, dass *A Midsummer Night's Dream, The Merchant of Venice, Measure for Measure, Much Ado About Nothing, As You Like It, The Merry Wives of Windsor, The Taming of the Shrew* – Komödien also – neben der Liebestragödie *Romeo and Juliet,* neben *Julius Caesar* und den vier großen Tragödien beim breiten Publikum die weitaus beliebtesten und bekanntesten sind. Von diesen wiederum wird die **Tragödie um den Prinzen Hamlet** als **das gewichtigste Stück** eingeschätzt. Einem Bonmot des Shakespeareforschers Jan Kott zufolge ist die Bibliografie des Schrifttum zum *Hamlet*-Drama so umfangreich wie das Warschauer Telefonbuch. Das sagt genug aus über die Bedeutung, die dem

13 Dabei wird *The Life and Death of King John* als ‚Prolog', *The Life of Henry VIII* als ‚Epilog' gesehen. Vgl. U. Baumann, S. 54.

Stück allein in der wissenschaftlichen Auseinandersetzung zugeschrieben wird. Neben den drei anderen großen Tragödien Shakespeares, dem *King Lear, Othello* und *Macbeth*, bildet der *Hamlet* einen der Eckpfeiler eines gewaltigen Dramen-Quartetts, das in der gesamten Weltliteratur einzigartig dasteht. Diese Werke entstanden zwischen 1600 und 1606, einem von düsterer Weltsicht beherrschten Lebens- und Schaffensabschnitt Shakespeares. Die große Tragödie *Julius Caesar* (1599) leitet bereits zu diesem Abschnitt über.

Die Mittelpunktstellung des *Hamlet* resultiert vorrangig aus der Komplexität des Helden, des jungen Prinzen von Dänemark, der seit 400 Jahren immer wieder eine Herausforderung für Schauspieler und Regisseure, Musiker und bildende Künstler, Literaten und Philosophen, Filmemacher und Cartoonisten geblieben ist (siehe Kapitel: Zur *Hamlet*-Rezeption).

In allen Bühnenstücken Shakespeares geht es um den Menschen – um Gedanken und Gefühle, Irrtümer und Entscheidungsqualen, Wunsch und Verzicht, Intrigen und Eifersucht, Einsichten und Erkenntnisse. Immer wird der ganze Mensch gezeigt im weiten Feld von Versuchungen und Heimsuchungen, von Vorsehungen und Fügungen. Wie in keinem seiner anderen Dramen durchleuchtete Shakespeare im *Hamlet*-Drama die menschliche Psyche und breitete sie in all ihren Schattierungen vor seinem Publikum aus.

existenzielles Bedrohtsein des Menschen; differenzierteste Charakterzeichnung

Auch in seinen Komödien scheute sich Shakespeare nicht, die Menschen gründlich unter die Lupe zu nehmen und allen (auch dem Publikum) den Narrenspiegel vorzuhalten. Trotz vergnüglicher Possenreiterei wird auch in ihnen beinahe immer existenzielles Bedrohtsein sichtbar; immer wird der Mensch nahe am Abgrund gezeigt. Während in ihnen aber letztlich Heiterkeit und die Zuversicht

siegen, dominieren auf der Gegenseite in den blutrünstigen Königs-Dramen und in den düsteren Tragödien um den Prinzen Hamlet, um Othello, King Lear und Macbeth das Böse, Tod und Verderben. In der Darstellung des Bösen an sich steht das *Hamlet*-Drama am Anfang einer Entwicklungslinie, die mit dem *Macbeth* endet. Einzig ist es in der differenzierten Charakterzeichung seines Helden. Wir haben darüber hinaus zu sehen, dass Shakespeare seine Finger stets auch am politischen Puls seiner Zeit hatte und keine Gelegenheit versäumte, sich schöpferisch in zeitkritische Opposition zu begeben. Im *Hamlet* tritt die politische Komponente, die zuvor bereits in anderen Stücken mehr oder weniger stark aufleuchtete, bedeutsamer in den Vordergrund. Auf alle drei Schwerpunkte werde ich in der Analyse und Interpretation der Tragödie vertieft eingehen.
Immer noch hat die Shakespeareforschung Probleme, den Entstehungszeitraum einzelner Werke exakt anzugeben. Teilweise werden übereinstimmende Daten, überwiegend voneinander abweichende genannt. Auch die folgende Übersicht, die an U. Baumann orientiert ist, trägt das Etikett ‚wahrscheinlich'.[14]

14 Die Übersicht ist hier stark vereinfacht wiedergegeben. Vgl. U. Baumann, S. 22–23.

Titel	Entstehungszeitraum
Titus Andronicus	1598–1594
The Taming of the Shrew	1589–1594
Henry VI, 3 Teile	1590–1592
Richard III	1592–1593
The Comedy of Errors	1590–1594
The Two Gentlemen of Verona	1590–1598
Love's Labour's Lost	1593–1595
Romeo and Juliet	1591–1597
A Midsummer Night's Dream	1594–1598
King John	1591–1598
Richard II	1594–1595
The Merchant of Venice	1594–1597
Henry IV, 2 Teile	1596–1598
The Merry Wives of Windsor	1597–1602
Henry V	1599
Julius Caesar	1599
Much Ado About Nothing	1598–1600
As You Like It	1598–1600
Twelfth Night	1600–1602
Hamlet	**1599–1601**
Troilus and Cressida	1601–1603

All Well That Ends Well	1601–1604
Measure for Measure	1603–1604
Othello	1603–1604
King Lear	1605–1606
Macbeth	1606–1611
Antony and Cleopatra	1606–1608
Timon of Athens	1605–1608
Coriolanus	1605–1610
Pericles	1606–1608
Cymbeline	1608–1611
The Winter's Tale	1610–1611
The Tempest	1609–1611
Henry VIII	1612–1613
The Two Noble Kinsmen	1613–1614

2. Textanalyse und -interpretation

2.1 Entstehung und Quellen

Der *Hamlet* hat eine bemerkenswerte Editionsgeschichte. Er kam erstmals 1603 heraus, weitere Ausgaben folgten 1604, 1611, 1623 und 1637. Bis 1703 kamen noch drei weitere Quarto- und Folioausgaben hinzu. Als gültige Ausgabe wird die Ausgabe von 1623 (first folio) mit insgesamt 36 Bühnenstücken, unter ihnen auch der *Hamlet*, allgemein akzeptiert.
Für die Enstehung des Hamlet wird von der Forschung ziemlich übereinstimmend der Zeitraum zwischen 1600–1602 angenommen. Für die Richtigkeit der Annahme gibt es einige plausible Erklärungen: Am 26. Juli 1602 kündigte der Drucker James Roberts die Veröffentlichung eines Stückes an, das kurz zuvor mit dem Titel *The revenge of Hamlet, Prince of Denmark* von den *Chamberlain's Men* aufgeführt worden war. Als Einzelausgabe erschien das Stück dann 1603.
Wenn man davon ausgeht, dass Shakespeares Stücke beim Spielen aus einer Grundidee entwickelt, verändert und geformt worden sind, dann darf für das *Hamlet*-Drama eine „Entstehungszeit" von ein bis zwei Jahren als zutreffend angenommen werden, zumal Shakespeare meistens an mehreren Stücken gleichzeitig arbeitete. So wurde beinahe zeitgleich vor James I., dem Nachfolger von Königin Elisabeth I., die Komödie *Mesaure for Measure* aufgeführt, die ähnlich dunkle Stimmungen wie der *Hamlet* aufweist.

verschiedene Textfassungen zwischen 1603 und 1637

Der Veröffentlichung von 1603 wird allerdings keine Authentizität zugesprochen (bad quarto), ebenso wenig der aus dem Jahre 1611. Als erste verlässliche Ausgabe gilt die

des Jahres 1604. Sie folgt Shakespeares Textvorlage weitaus genauer.
Es ist sicher, dass Shakespeares *Hamlet* auf zwei Quellen zurückgeführt werden kann, zum einen auf eine nordische Sage aus der *Historia Danica* des Saxo Grammaticus (1150–1220), zum anderen auf die *Histoires Tragiques* eines gewissen François Belleforest (1530–83).
Die nordische Sage handelt von der Rivalität zweier Männer am dänischen Königshof, Amlethus und Fengon. Belleforests französische Version der Sage wurde erstmals 1576 veröffentlicht. Auf Englisch erschienen seine *Histoires Tragiques* 1608.

zwei Hauptquellen und der sog. „Ur-Hamlet" als mögliche dritte

Eine dritte Quelle wird stets mit erwähnt, der sog. „Ur-Hamlet", über dessen Verfasserschaft nach wie vor nur spekuliert werden kann. Einige der schreibenden Zeitgenossen Shakespeares werden als Verfasser gehandelt, so Thomas Nashe, Thomas Kyd oder Thomas Lodge.
Möglicherweise hat Shakespeare ein Hamlet-Stück gesehen, mit dem englische Schauspieler bereits 1586 auch in Deutschland auftraten. Ob es sich dabei um den „Ur-Hamlet" gehandelt hat, ist fraglich. Der Dramatiker ist mit seinen Quellen einerseits erstaunlich detailgenau, andererseits in einer für ihn sehr typischen, freizügigen Art umgegangen. Es war ihm erkennbar weniger darauf angekommen, „Geschichte" faktengetreu zu dramatisieren.
An den rasch und in unterschiedlicher Qualität erschienenen Ausgaben des *Hamlet* noch zu Shakespeares Zeiten ist abzulesen, dass die Tragödie um den Dänen-Prinzen beim Publikum ankam. Dazu trugen auch die Schauspieler bei, die sich mit der Figur des Hamlet wie mit keiner anderen Shakespearefigur identifizierten: ganz zuerst Richard Burbage (1567–1619), ein Theatermann wie Shakespeare selbst; später Thomas Bett-

erton (1635–1710), dann David Garrick (1717–1779), John Philip Kemble (1757–1823) und Edmund Kean (1787–1833). Jeder von ihnen spielte den Hamlet anders, und sie setzten Maßstäbe für die Interpretation der Titelfigur auf der Bühne für Generationen von Schauspielern nach ihnen.[15]
In seinem Shakespeare-Roman *Unglücklich sind wir nicht allein*[16] hat Eric Malpass etwas von der Theater-Atmosphäre lebendig machen können aus jener Zeit, als ein Richard Burbage den Hamlet verkörperte:

> *„(...) Das Globe war überfüllt. Und im Parterre ging es zu wie in einem Ameisenhaufen. Die Zuschauer waren in Hochstimmung (...) Vom Dach her ertönte ein Tropetenstoß. Dann ein zweiter (...) Das Flaschenbier verkaufte sich gut (...) Und jetzt neigte sich ein langer Nachmittag dem Ende zu (...) Es war herrlich gewesen, schöner als William es sich vorgestellt hatte. Der Hof zu Helsingör, diese glanzvollen und so verdorbenen Gestalten, die in ihren prächtigen Gewändern über die Bühne rauschten, immer wieder, ruhelos wie die See. Und die doch nur Hintergrund waren. Hintergrund, für jenen schwarz gekleideten jungen Prinzen, den er mit einer seltsamen, leidenschaftlichen Bewunderung liebte.*
> *Hamlet, der edle Prinz, wurde von der Bühne getragen. Applaus, Hochrufe, Pfiffe (...) Danach wanderte William erschöpft in der Garderobe umher, während Richard Burbage sich das Blut abwusch und sich bereitmachte für den Gang zum König (...)"*

15 Vgl. dazu Kapitel 4 und 5.

16 Eric Malpass veröffentliche zwei Shakespeare-Romane, *Sweet Will*, London, 1973 (*Liebt ich am Himmel einen hellen Stern*, Hamburg, 1974) und *The Cleopatra Boy*, London, 1974 (*Unglücklich sind wir nicht allein*, Hamburg, 1975).

2.2 Inhaltsangabe

I, 1: Der Geist König Hamlets

Während einer Wachablösung auf der Burg zu Helsingör erscheint den wachhabenden Soldaten der Geist des getöteten Königs. Die Männer sind erschrocken, dennoch spricht Horatio ihn an. Der Geist verschwindet, ohne zu antworten. Über die Erscheinung werden Vermutungen ausgetauscht.
Der Geist taucht ein weiteres Mal auf. Horatio versucht wiederum vergeblich, mit ihm zu sprechen. Mit dem ersten Hahnenschrei entschwindet der Geist. Horatio möchte dem jungen Prinzen Hamlet berichten, was sich nun zu wiederholten Malen ereignet hat.
König Claudius hat seinen gesamten Hofstaat versammelt. Er spricht den Anwesenden seinen Dank für die Loyalität aus, die sie ihm gegenüber nach dem Tod des Königs bewiesen haben. Seiner Verbindung mit Gertrude, der Witwe des Toten, steht nichts mehr im Wege. Das Wohl des Staates liegt ihm am Herzen. Er betrachtet voll Sorge die Gefahr, die von dem jungen Norweger Fortinbras ausgeht, und fürchtet kriegerische Auseinandersetzungen. Um dem entgegenzuwirken, schickt er zwei Gesandte (Voltimand und Cornelius) nach Norwegen, die dort bei dem kranken König um mäßigenden Einfluss auf dessen tatendurstigen Neffen bitten sollen. Laertes, der Sohn des höchsten Staatsministers Polonius, möchte nach Paris gehen, um dort zu studieren. Claudius und Polonius willigen ein. Königin Gertrude bittet derweil ihren Sohn Hamlet, der nach seines Vaters Tod allen sehr ernst und nach innen gekehrt erscheint, die veränderte Situation zu akzeptieren. Claudius möchte, dass Hamlet nunmehr ihn als seinen Vater anerkennt und bei ihnen auf Helsingör bleibt. Hamlet widerspricht nicht.

Glücklich über die positive Entwicklung, gibt Claudius ein großes Fest. Hamlet ist mit seinen Gedanken allein.

I, 2: Hamlets Zweifel und Ekel an an der Welt

Es will ihm nicht in den Kopf, dass Gott die Welt so geschaffen haben soll. Unfassbar will es ihm scheinen, dass seine Mutter so rasch nach dem Tod ihres Mannes in eine neue Ehe einwilligt. Horatio reißt ihn aus seinen trüben Gedanken. Er berichtet ihm von der Erscheinung des Geistes. Während der kommenden Nachtwache will Prinz Hamlet auf ihn warten, um mit ihm zu sprechen. Er verlangt jedoch von Horatio Stillschweigen allen anderen gegenüber.
Laertes verabschiedet sich von seiner Schwester Ophelia. Er rät ihr eindringlich, sich nicht auf Hamlets Werben einzulassen. Die Staatsraison verbiete ihre Verbindung allein aufgrund der Tatsache, dass Hamlet der legitime Nachfolger des getöteten Königs sei.
Überdies habe Hamlet lediglich die Absicht, sie zu verführen. Polonius, der hinzutritt, verlangt äußerste Zurückhaltung von seiner Tochter, die ihm verspricht, sich von Hamlet fernzuhalten.

I, 3: Ophelias Versprechen

Im Palast zu Helsingör feiert man ein turbulentes Fest. Hamlet erwartet den Geist, der um Mitternacht tatsächlich erscheint. Hamlet erkennt in ihm seinen Vater und fragt ihn nach den Gründen für sein nächtliches Umherirren. Der Geist offenbart dem jungen Prinzen, dass er als König Hamlet von seinem Bruder Claudius vergiftet worden sei und nun dafür büßen müsse, als Sünder ohne Beichte und ohne letzte Ölung die Welt verlassen zu haben. Aber nur Claudius solle zur Rechschaft gezogen werden; gegen Gertrude solle Hamlet nichts unternehmen. Sie müsse mit ihren Gewissensqualen

I, 4; I, 5: Der Geist fordert Hamlet zur Rache auf

weiterleben, den Mann geheiratet zu haben, der sie zur Witwe gemacht habe. Hamlet bittet alle, die Zeuge dieser befremdlichen Begegnung gewesen sind, absolutes Stillschweigen zu wahren.

II, 1: Hamlets Veränderung

Reinhold wird von Polonius nach Paris geschickt. Er soll Laertes Papiere und Geld bringen. Gleichzeitig will Polonius wissen, was sein Sohn in der Fremde wirklich tut. – Ophelia eilt aufgeregt und verstört herbei. Prinz Hamlet, so berichtet sie ihrem Vater, sei ihr ganz merkwürdig begegnet, beinahe wie von Sinnen. Polonius schreibt das Verhalten Hamlets seiner unglücklichen Liebe zu seiner Tochter zu. Er geht mit Ophelia zu Claudius, um diesem darüber zu berichten.

II, 2: Polonius' Intrigenspiel, das ihn sein Leben kosten wird

Der selbst ernannte König Claudius hat zwei Jugendfreunde Hamlets, Rosenkranz und Güldenstern, an den Hof gerufen. Sie sollen den Veränderungen Hamlets nachspüren, ihn aber auch aufmuntern. Derweil werden Claudius gute Nachrichten aus Norwegen berichtet. Eine kriegerische Auseinandersetzung scheint abgewendet zu sein. Polonius ist bemüht, den König zu überzeugen, dass Hamlets auffällig veränderte Stimmung mit Ophelia zu tun hat. Er schlägt Claudius vor, eine Zusammenkunft der beiden jungen Leute zu arrangieren, um sie zu belauschen. Nur zögernd erklärt sich der König einverstanden. Rosenkranz und Güldenstern treffen Hamlet. Er hört von ihnen, weshalb sie gekommen sind. Um ihn von seinen trüben Gedanken abzulenken, schlagen sie vor, einem Theaterabend einer durchreisenden Schauspielgruppe beizuwohnen. Hamlet, ein Liebhaber von Poesie und Schauspielkunst, freut sich über diese Neuigkeit. Besonders interessiert zeigt er sich, als er von geradezu umwälzenden ‚Neuerungen' im öffentlichen Theaterleben hört. Hamlet möchte, dass die Truppe für den nächsten Abend ein Stück mit dem Titel *Die Ermordung des Gonzago* vorbereitet. Er selbst will noch einige Verse hinzufügen. Diese Verse sind wohlbedacht, denn in ihnen soll die Ermordung von König Hamlet in Anwesenheit des Königs und der Königin nachgespielt werden. Der Prinz hofft darauf, König Claudius damit zu entlarven und Gewissheit über ihn als Mörder zu gewinnen.

III, 1: Hamlets heimlicher Triumph

König Claudius erfährt von Rosenkranz und Güldenstern nichts Aufschlussreiches über Hamlets Gemütszustand. Er sagt zu, sich zusammen mit Gertrude die Theateraufführung anzusehen. Hamlet wird von seinen ehemaligen Studienfreunden darüber verständigt. Es kommt zu einer hochemotionalen Begegnung zwischen Hamlet und Ophelia, in der sich die Eindrücke zu bestätigen scheinen, die man bei Hof über Hamlets zunehmende Geistesverwirrung gewonnen hat. Ophelia ist zutiefst betroffen. Claudius und Polonius argwöhnen, dass Hamlets Zustand etwas mit einer Gewissenslast zu tun hat, an der er offenbar schwer trägt. Claudius will Hamlet nach England schicken. Polonius schlägt vor, dass Hamlet nach der Theateraufführung mit Gertrude allein sprechen solle; er werde das Gespräch belauschen und dann wahrscheinlich noch mehr über die wahrscheinlichen Gründe von Hamlets Veränderung herausfinden.

III, 2: Enthüllung der Wahrheit durch das Schauspiel; die heftige Reaktion des Königs

Die Schauspieler agieren nach Hamlets Wünschen. Auch Horatio ist in das Vorhaben eingeweiht. Das Schauspiel erfüllt seine Zwecke. Ohne dass Claudius und Gertrude die Absicht erkennen, führt Hamlet ihnen ihr Verbrechen vor Augen. Die Frage des Königs nach dem Titel des gespielten Stückes beantwortet Hamlet mit *The Mousetrap*. Je deutlicher die Parallelen des Stückes mit den (tatsächlichen) Vorgängen um die Ermordung König Hamlets werden, desto nervöser wird Claudius.

III, 3: König Claudius allein mit seiner Schuld

Aufgebracht verlässt er den Saal. Polonius teilt Hamlet mit, dass seine Mutter ihn zu sehen wünsche. Hamlet, der nun sicher ist, dass Claudius das Verbrechen begangen und Gertrude davon gewusst hat, denkt über seine Rache nach. Er will das Gespräch mit seiner Mutter führen, sie zwar verschonen, aber es an Deutlichkeit seines Urteils nicht fehlen lassen.

König Claudius ist klar, dass sich für ihn die Dinge nicht so entwickeln, wie es schien. Hamlet trifft ihn in ein tiefes Gebet versunken. Er will den Betenden nicht töten; das widerspräche seiner Ehr- und Glaubensauffassung. Claudius, der nicht bemerkt, dass Hamlet ihn in seinem stillen Schuldbekenntnis belauscht hat, fühlt sich auch nach dem Gebet nicht besser.

III, 4: Der Tod des Polonius'

Zwischen Hamlet und seiner Mutter Gertrude kommt es zu einem heftigen Wortwechsel. Der hinter einem Vorhang lauschende Polonius glaubt eingreifen zu müssen, als Gertrude um Hilfe ruft. Hamlet ersticht ihn durch den Vorhang. Gertrude ist außer sich über sein unkontrolliertes Handeln. Doch Hamlet entgegnet, dass sie weitaus verwerflicher gehandelt habe. Er erwarte von ihr Reue und Loyalität.

Gertrude weiß auch von Claudius Plänen, Hamlet nach England zu schicken. Es geht dem König keineswegs darum, Hamlets Gesundheitszustand durch zeitlichen und räumlichen Abstand zu allem wiederherzustellen, sondern auf Hamlet wartet das Exil. Hamlet versteckt den Leichnam des Polonius.

IV, 1: König Claudius' entschlossenes Gegenhandeln

Gertrude versucht dem König klar zu machen, dass Hamlet in geistiger Umnachtung Polonius getötet habe. Claudius ist sich der Gefahr, in der er schwebt, voll bewusst. Er verlangt von Rosenkranz und Güldenstern, die Leiche seines Ersten Ministers aufzuspüren. Um jeden Preis möchte Claudius Gerüchten entgegentreten können, die ihn mit dem Tod des Polonius in einen Zusammenhang bringen könnten. Rosenkranz und Güldenstern bemühen sich derweil vergeblich, von Hamlet zu erfahren, wo die Leiche des Polonius versteckt gehalten wird. Hamlet macht sich über beide lustig und sagt ihnen unverblümt, wie sehr ihn ihr falsches und kriecherisches Verhalten anwidere.

IV, 3: Der geheime Plan des Königs

Claudius ist in arger Verlegenheit. Er weiß, dass man seinen Stiefsohn liebt. Öffentlich kann er ihm deshalb nichts anhaben. Der Tod Hamlets auf Helsingör würde einen Volksaufstand zur Folge haben. Ein Hinterhalt allerdings kann herbeigeführt werden, durch den sich die Ermordung Prinz Hamlets außerhalb Helsingörs bewerkstelligen und jede Beteiligung des Königs ausschließen ließe.

Um seiner Sicherheit willen, so schlägt Claudius vor, soll Hamlet nach England gebracht werden. Der Prinz zeigt sich nicht überrascht und stellt sich sehr ruhig dieser Entscheidung. Mit sich allein, spricht Claudius die Hoffnung aus, dass Hamlet getötet werden möge, ganz so, wie es in dem königlichen Geheimbefehl lautet.

IV, 4: Hamlets Entschluss, nunmehr die Vollendung der Rache nicht länger hinauszuzögern

Hamlet stößt auf die Truppen des jungen Fortinbras, der gegen Polen zieht und gekommen ist, um sich seinen Durchzug durch Dänemark bestätigen zu lassen. Der Dänenprinz ist beeindruckt von der Stärke und dem Elan Fortinbras'. Er sieht sich in diesem Augenblick aufgerufen, seinen eigenen Feldzug zu starten und entschlossen zu Ende zu führen, dabei nun endlich dem abwägenden Denken und dem immer wieder nur mit Worten vollzogenen Entschluss die wirkliche Tat folgen zu lassen.

IV, 5: Ophelias Irrsinn

Ophelia ist geistig verwirrt. Was bei Hamlet so schien, ist bei ihr Wirklichkeit geworden. Zu tief haben sie der Tod ihres Vaters und Hamlets abweisendes Verhalten getroffen. Sie hält wirre Reden vor der Königin und singt unzüchtige Lieder. Die Königin hat Mitleid, ohne ihr jedoch helfen zu können. Laertes ist überraschend aus Frankreich zurückgekehrt. Er hat Gerüchte vernommen, denen zufolge König Claudius für den Tod seines Vaters Polonius verantwortlich sei. Aufgebracht, unterstützt und beschützt durch eine lärmende Menge, stürmt Laertes in das Schloss. Das Volk will ihn sogar zum König ausrufen. Doch König Claudius kann alles rasch und überzeugend aufklären und ihm den wahren Mörder nennen. Er sichert Laertes volle Unterstützung zu und verspricht ihm Genugtuung für die ruchlose Tat. Ophelia verteilt singend Blumen, ohne dass sie ihre Umgebung wirklich wahrnimmt. Laertes ist erschüttert, als er sie in diesem Zustand sieht. Er schließt sich dem Rat des Königs an, nichts zu überstürzen und eine Gelegenheit abzuwarten, um dann den dafür Verantwortlichen seiner gerechten Strafe zuzuführen.

IV, 6: Hamlets überraschende Rückkehr

Gänzlich unvermutet kehrt Hamlet nach Dänemark zurück. Horatio wird darüber durch Boten informiert. Piraten haben das Schiff gekapert, das Hamlet nach England bringen sollte. Gegen ein Lösegeldversprechen ist er frei gekommen, während die beiden verräterischen Begleiter, Rosenkranz und Güldenstern, in den Händen der Seeräuber geblieben sind. Hamlet bittet Horatio, König Claudius über seine glücklichen Heimkehr in Kenntnis zu setzen.

IV, 7: Das Komplott des Königs und des Laertes gegen Hamlet

Laertes, der nicht verstehen kann, dass König Claudius seinen Stiefsohn nicht sofort bestraft hat, sieht die Stunde der Rache gekommen, als der Brief mit Hamlets Nachricht überbracht wird. Claudius schlägt ein Duell vor. Laertes' Degenspitze soll vergiftet und so zu einer tödlichen Waffe werden, selbst wenn Hamlet im Duell nur eine kleine Blessur davontragen würde. Um ganz sicher zu gehen, dass Hamlet für immer ausgeschaltet wird, will Claudius noch dafür sorgen, dass Hamlet während einer Kampfpause von einem vergifteten Wein trinkt. Gertrude kommt hinzu und berichtet, dass Ophelia ertrunken sei. Trauer und Zorn des Laertes, der nun in Hamlet den Schuldigen auch für den Tod seiner Schwester sieht, kennen keine Grenzen.

V, 1: Auseinandersetzung an Ophelias Grabstätte

Hamlet fühlt sich angeekelt durch die profanen Reden und Späße der Totengräber, die Ophelias Grab ausheben. Claudius will, dass sie in geweihter Erde bestattet wird. Der den Leichenzug begleitende Priester verweigert ihr jedoch das segnende Gebet. Laertes ist außer sich. Unter Flüchen und Verwünschungen für denjenigen, der Schuld hat am Tod seiner Schwester, springt er in die offene Grabstätte. Hamlet springt ebenfalls hinunter und kämpft mit Laertes. Sie müssen gewaltsam getrennt werden. Vergeblich bemüht sich Hamlet darum, Laertes mitzuteilen, dass er ihn und seine Schwester immer geliebt habe. Claudius mahnt den Sohn des Polonius, Geduld zu bewahren. Gertrude ist voller Sorge um Hamlet.

V, 2: Hamlet beweist Horatio die Intrige des Königs

Claudius lässt den jungen Prinzen überwachen. Hamlet offenbart Horatio die verbrecherischen Pläne des Königs, die er während seiner kurzen Gefangenschaft auf dem von den Piraten gekaperten Schiff entdeckt hatte. Claudius

hatte den englischen König in einem Brief aufgefordert, Hamlet bei seinem Eintreffen in England unverzüglich hinrichten zu lassen. Diesen Brief hatte Hamlet an sich genommen und durch einen anderen ersetzt, der Rosenkranz und Güldenstern dem Tode überantwortet. Dies sei, so betont Hamlet, nicht mehr als eine allzu gerechte Strafe für ihre Charakterlosigkeit. Er gibt Horatio den Brief des Königs. Zugleich setzt er ihm auseinander, welcher Verbrechen Claudius sich noch schuldig gemacht habe. Es sei an der Zeit zu handeln.
Osrick, ein Bediensteter bei Hofe, fragt Hamlet im Auftrage des Laertes, ob er die Duellforderung annehme. Hamlet sagt zu, trotz der Bedenken seines Freundes Horatio und einiger schlimmer Ahnungen, die er selber hat. Zum Duell sind alle erschienen. Scheinbar nur versucht Claudius die beiden Kontrahenten zu bewegen, ihren Streit zu beenden. Hamlet bietet Laertes die Hand zur Versöhnung, doch der besteht darauf, dass der Zweikampf ausgetragen wird. In einer Kampfpause trinkt Gertrude aus dem bereitgestellten Pokal von jenem Wein, der für Hamlet bestimmt war, ehe der König es verhindern kann.

Das Duell, Laertes Geständnis; Hamlets Tod

Gertrude stirbt, während das Duell weitergeht. Laertes verwundet Hamlet mit der vergifteten Klinge. Hamlet, der mit einer stumpfen Waffe gefochten hat, kann unbemerkt die Degen vertauschen und seinerseits Laertes verwunden. Sterbend gesteht dieser Hamlet die Verschwörung, sagt ihm aber zugleich, dass auch er – Hamlet – mit der vergifteten Klinge tödlich verwundet sei. Der junge Prinz, der den nahen Tod spürt, zwingt König Claudius, von dem vergifteten Wein zu trinken. Dann ersticht er ihn. Hamlet bittet Horatio, der mit ihm sterben möchte, die Öffentlichkeit über die Verbrechen des Königs aufzuklären und sie über den wahren Hamlet zu unterrichten. Näher kommende Musik und Salutschüsse kündigen den siegreich aus Polen zurückkehrenden Fortinbras an. Hamlet spricht ein letztes Vermächtnis aus: Fortinbras werde König von Dänemark.

Fortinbras, der zukünftige Herrscher, lässt Hamlet ehrenhaft bestatten

Ohne zu ahnen, dass Hamlet ihn damit bereits öffentlich zu seinem Nachfolger bestimmt hat, lässt er alle Edelleute des Landes versammeln, um alte Rechte auf Dänemark anzumelden. Niemand macht sie ihm streitig. – Hamlets Leichnam wird aus dem Schloss getragen und seine feierliche Aufbahrung vorbereitet.

2.3 Aufbau

Shakespeares *Hamlet* folgt als fünfaktiges Drama den klassischen Aufbauprinzipien der Gattung. Das Geschehen verteilt sich über 20 Szenen sehr unterschiedlicher Länge und Dichte. Die 1. Szene des II. Akts ist die umfangreichste und gewichtigste im Hinblick auf die Situierung der inneren Konfliktlage Hamlets, erst im IV. Akt vollzieht sich sein endgültiger Wandel vom Denken zum entschlossenen Handeln, zur Vollendung der Rache.[17] Trotz einiger retardierender Momente strebt die Handlung der Tragödie zielstrebig der Katastrophe entgegen, die in der breit angelegten Schlussszene erreicht wird (V, 2). Die Stationen der durchweg intensiven äußeren Handlung werden durch das innere Drama, das sich in den Gedanken und Überlegungen des Helden abspielt, noch einmal spannungsreich überwölbt (siehe Skizze unten).
Der *Hamlet* zählt zu den *revenge plays* des Elisabethanischen Theaters, erfüllt ihre Kriterien aber nicht vollkommen.

> *„In the typical Elizabethan revenge play, the violence is evenly distributed throughout all five acts (...) In ‚Hamlet', however, Shakespeare subverts the pattern by creating a complex hero who delays his revenge, thus building the dramatic suspense until the last bloody scene when Hamlet completes his revenge. Most revenge plays follow a specific formula: most of the play consists of the hero's plot to avenge an injustice or crime committed against a familiy member (...) The revenge hero takes the law into his own hands and works outside traditional avenues."*[18]

17 In einer der anderen großen Tragödien dieses Schaffensabschnitts, *Othello*, triumphiert in der Gestalt des Iago das Böse so lange, bis jemand ‚sehend' geworden ist (Iagos Gattin Emilia). Othello selbst bleibt bis zuletzt blind gegenüber dem Verhängnis. Vgl. Reiner Poppe: *Literaturwissen,* S. 160–174.

18 Norrie Epstein, S. 308

Das Ungewöhnliche an der Hamlet-Tragödie als *revenge play* ist, dass der Held eine sehr lange ‚Anlaufzeit' benötigt, um seinen Rachauftrag zu erfüllen.

kein typisches Elisabethanisches *revenge play*

Mit insgesamt 20 Szenen zeigt die *Hamlet*-Tragödie gegenüber den beiden anderen großen Tragödien *Macbeth* (29) und *King Lear* (26) weniger wechselnde ‚Auftritte', ist aber insgesamt die umfangreichste. Das hat mit den tief auslotenden Reflexionen Hamlets zu tun, der naturgemäß auch die meisten Sprechanteile in seiner Rolle vereint.
Folgen wir dem Verlauf der ‚äußeren' Konfliktentwicklung, so ist er klar an König Claudius' Bestreben festzumachen, den unrechtmäßig eingenommenen Rang gegen den rechtmäßigen Nachfolger König Hamlets zu verteidigen. Es kommt dabei zu einer Steigerung der Spannungsmomente in dem Maße, wie in Hamlet die Gewissheit, dass sein Onkel ein Königsmörder ist, und die Überzeugung zur Rache reifen. In eine überschaubare Struktur gebracht, spitzt sich für König Claudius die Bedrängnis bis zum Ende des IV. Aktes bedrohlich zu, und entsprechend verzweifelter und verbrecherischer werden seine Maßnahmen. Auf der anderen Seite „schaukelt" sich Hamlets Hass ebenso hoch und erlangt im IV. Akt seine letztmalige Steigerung. Der V. Akt stellt sich als ein vollkommener „showdown" auf der Bühne dar, in dem die Verhängnisse ineinandergreifen. In einem knappen Aufriss möchte ich dem **Aufbau der Tragödie in den gegen Hamlet gerichteten Aktionen des Königs** nachgehen. Hamlets Situation greife ich im folgenden Teilkapitel auf. Die markanten Stationen der dramatischen Zuspitzung der Handlungen, in denen König Claudius seine Antipoden-Rolle immer auffälliger einnimmt, lassen sich mit folgenden Stichwörtern skizzieren:

breite ***Exposition*** mit sich abzeichnendem Konflikt Hamlet/ Claudius;
Höhepunkte: **I, 2; I, 4**

Die Vorgeschichte (ungesühnter Mord an König Hamlet; in der Skizze „*Vg.*", s. S. 43) und die daraus abgeleiteten taktischen Manöver und Konsequenzen sowohl Hamlets als auch Claudius' beherrschen den ganzen **I. Akt**. Wir erleben das Auftreten des Geistes, Hamlets Zweifel an der Lauterkeit des Königs und seiner Mutter, das berechnende, falschzüngige Buhlen des Königs um seinen Neffen, die Anfänge des Spiels mit doppeltem Boden zwischen „Schein" und „Sein".

Aufbau des Konflikts (Claudius / Hamlet), sog. „spying act"

Der ganze **II. Akt** wird gern als „spying act" gesehen.[19] König Claudius stellt zusammen mit seinem Minister Polonius die Weichen. In Paris soll Laertes beobachtet werden, eine Maßnahme, die ganz augenscheinlich darauf gerichtet ist, über eventuelle konspirative Tätigkeiten sofort unterrichtet zu werden. Nichts anderes hat Claudius im Sinn, als er die beiden Jugendfreunde Hamlets an den Hof ruft, angeblich zur ‚Zerstreuung' des Prinzen. Ein weiterer Schritt, sich Klarheit über Hamlets wahre Gedanken und Gefühle zu verschaffen, wird mit der Bespitzelung durch Gertrude erkennbar, dass Claudius sich absichern und nichts dem Zufall überlassem will.

weitere ***Steigerung*** des Konflikts; König Claudius lässt die Maske fallen;
Höhepunkte: III, 1; III, 2; **III, 3; III, 4**

Wir sehen im **III. Akt** die Verschärfung der Konfliktsituation zwischen Claudius und Hamlet, die sich weiter gegenseitig beargwöhnen. Der von Claudius erwogene Plan, Hamlet nach England zu schicken, lässt keinen Zweifel an seinen Ahnungen und Befürchtungen, von seinem Neffen, den er nicht durchschaut, doch noch ‚gestellt' zu werden. Wie beunruhigt

19 Andrew Gurr, S. 87

er tatsächlich ist, beweisen seine Reaktionen auf das bei Hof präsentierte Schauspiel. Ab der 3. Szene dieses Aktes lässt Claudius jede Zurückhaltung fallen. Er muss sich Hamlets entledigen. Den ersten Höhepunkt der dramatischen Zuspitzung von Argwohn und Bedrohung bildet der Tod des Polonius, den dieser mit seinem Vorschlag, ein Gespräch zwischen Hamlet und seiner Mutter zu belauschen, selbst verschuldet. Den kompletten III. Akt können wir als den ‚Enthüllungsakt' verstehen. Nacheinander werden in ihm zwei zentrale Situationen geklärt, die bis dahin zumindest noch offen waren – Claudius' Schuld und die Mitschuld Königin Gertrudes.

Höhepunkt und ***Peripetie;*** der Zusammenbruch des Bösen wird vorbereitet; Höhepunkte: **IV, 5; IV, 7**

Der mit sieben Szenen breit ausgeführte **IV. Akt** bereitet die Katastrophe ohne auffällige Retardierungen vor.[20] Als konsequente Folge der Machenschaften Claudius' erfolgt zunächst Ophelias psychisch-geistiger Zusammenbruch, sodann die Verschwörung mit Laertes, der nach seiner Rückkehr aus Paris mit dem Bazillus des Bösen infiziert wird. Es kommt zu einer Umkehrung der Realitäten: während Hamlets Verstand kühl und klar arbeitet, verfällt Ophelia, die von seiner Geisteskrankheit überzeugt war, nun tatsächlich dem Irrsinn und kommt in diesem Zustand zu Tode. Auch Laertes, der nicht zwischen ‚Schein' und ‚Sein' unterscheiden kann, setzt auf die falsche Karte und gerät vollends auf die Bahn, die auch ihn geradewegs in den Untergang führt.

20 „The movements of men and events are swift in these scenes, yet still they continue to move crabwise around the final confrontation". A. Gurr, S. 103. Diese von Gurr gemachte Einschränkung deutet das ‚retardierende Moment' des Dramas an, allerdings ist es der dramatischen Beschleunigung der Ereignisse deutlich untergeordnet.

Katastrophe und Rückkehr zum Ausgangspunkt; der Rachezirkel schließt sich; Höhepunkt: **V, 2**

Der **V. Akt** gipfelt in der Katastrophe mit dem Tod von vier Menschen. In ihm kommt der Rachegedanke, von dem nicht allein Hamlet beseelt war, zum Abschluss.[21] Helsingör steht vor einem Neuanfang, letztlich unter den Vorzeichen von Macht und kriegerischer Gewalt, jenen Grundlagen und Prinzipien also, denen auch die Nachfolger der älteren Generation sich ebenso verpflichtet fühlten und fühlen (Fortinbras). Die 1. Szene des Schlussaktes thematisiert noch einmal den ‚Tod' in einer schauerlich-komödiantischen Dialogfolge (Hamlet und Totengräber) und nimmt den Unterganges des Helden in der aktionsgeladenen Schlussszene der Tragödie vorweg. Die Saat des Bösen ist nicht aufgegangen, und es ist nun an Horatio, der Welt die ganze Wahrheit zu übermitteln.
Der auf König Claudius gerichtete Fokus und die ausschnitthafte Beleuchtung des Dramen-Aufbaus sollte nicht mehr als ein Rahmen sichtbar machen, der seine Füllung in der Betrachtung des Protagonisten noch erhalten wird.

> *„Mit der Konstruktion: passiver Protagonist und aktiver Antagonist einer Rachetragödie hat Shakespeare in der Tat dies Krebsgeschwür des Menschenwesens und der Polis weiteres Übel anrichten lassen. Claudius' erstes Verbrechen geschah insgeheim, ist kaum zu beweisen. Der endlich vorgenommene Vollzug der Ahndung geschieht dagegen öffentlich, geschieht in einem Moment, wo die Folgeverbrechen zum Teil sichtbar geworden sind, direkt nach dem Geständnis des sterbenden Laertes. Was als private Rache und Königsmord doppelt sträfliches* crimen *gewesen wäre, erscheint nun als dem Helden auf-*

---

21 Neben Hamlet wollen auch Laertes und Fortinbras geschehenes Unrecht rächen: „All the sons of the murdered fathers (King Hamlet, King Fortinbras, and Polonius) have seen vengeance served. The sons have appeased the medieval code of honor while satisfying the Christian expectation of forgiveness. Most importantly, Hamlet is finally a warrior." C. L. Stockton, S. 98.

gedrungen, die Umstände drücken ihm buchstäblich die Waffe in die Hand, die Bluttat wird zur Handlung der Selbstverteidigung und gleichzeitigen Reinigung des Landes.“[22]

- - - - - - die in Stufen sich entwickelnde innere Überzeugung Hamlets zum Gegenschlag

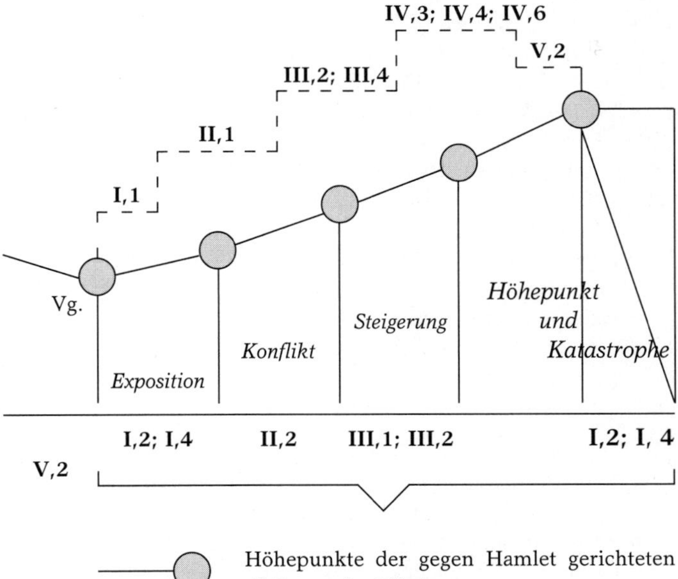

Höhepunkte der gegen Hamlet gerichteten Aktionen des Königs

22 Holger Klein, S. 141 f.

2.4 Personenkonstellation und Charakteristiken

Drei Figurengruppen um Hamlet, die Bedeutung für sein Schicksal haben

In der Tragödie lassen sich drei Figurengruppen unterscheiden, die für Hamlets Schicksal Bedeutung haben: (**a**) König Claudius und dessen Vasallen (Polonius, Rosenkranz und Güldenstern, Osrick); zu dieser Gruppe muss auch Laertes gerechnet werden, wenn auch nur eingeschränkt; (**b**) die Hamlet liebenden, aber ihn nicht unterstützenden Frauen (Gertrude und Ophelia); (**c**) schließlich die unabhängigen Personen und Kräfte, die nur indirekt mit seinem Schicksal verknüpft sind, aber für seinen letzten zur Tat drängenden Entschluss impulsgebend sind, als ursächlicher Auslöser der Geist des ermordeten Königs und der junge Fortinbras. Nacheinander wende ich mich mit einigen charakterisierenden Hinweisen diesen Personengruppen zu, um mich sodann der beherrschenden Figur der Tragödie, Hamlet, und seinem Vertrauten, Horatio, mit der gebührenden Differenziertheit und Ausführlichkeit zu widmen. Dabei werden die in einer ersten Übersicht nur knapp beleuchteten Charaktere noch einmal in einen sehr direkten Zusammenhang mit der Situation des Helden und dessen Entwicklung gebracht.

(**a**) Eine verfilzte Gesellschaft ist es, die sich auf Schloss Helsingör breit macht und nach des Königs Ermordung alles zu tun bereit ist, um auch den legitimen Thronerben Prinz Hamlet auszuschalten. Im Zentrum dieser Gegnerschaft steht **Claudius**. Zweifellos hat er, wie die meisten der verirrten Geister Shakespeares, zwei Charakterseiten. Man kann ihn nicht nur negativ etikettieren. Er tritt als ein Herrscher mit sehr menschlichen Zügen auf, der lockeren Gelagen nicht abgeneigt ist und eine Schwäche für den Wein und die Frauen hat. Als selbsternannter Nachfolger König Hamlets beweist er erstaunliche Stärken und Fähigkeiten zur Staatsführung mit einem guten Gespür für taktische Maßnahmen und besitzt auch die notwendige Durchsetzungshärte.[23] Leider muss er seine Kräfte und Möglichkeiten auf die verkehrten Ziele konzentrieren, und damit wird sein Handeln verbrecherisch. Wir sehen vom ersten bis zum dritten Akt einen Menschen, der einen schweren Fehler begangen hat, aber auch Reue zeigt und still bekennt. Erst in den beiden folgenden Akten, als er selbst immer mehr zum Hassobjekt Hamlets wird und seine Entdeckung als Königsmörder befürchten muss, verliert er jede Zurückhaltung. In einer dramatischen Konsequenz und Beschleunigung, die in gewisser Weise das Handeln des ausweglos verstrickten Macbeth (der Zentralfigur aus der gleichnamigen Tragödie) vorwegnimmt, bekennt er sich ganz zum Bösen und geht seinen Weg zu Ende, ohne um Vergebung und Erlösung zu bitten.

Natürlich braucht ein König wie Claudius einen Minister wie **Polonius**. Dieser hat sich fraglos unter König Hamlet Respekt und Verdienste erworben, durch die er nun eine Sonderstellung genießt. Er trägt eine steife Würde zur Schau, mit der er Hamlet nicht überzeugen kann. Ist er mehr Vater, der um seine Tochter und um seinen Sohn besorgt ist, oder mehr der schlau taktierende Staatsmann, der seinem neuen König gefallen und keines seiner eigenen Privilegien aufs Spiel setzen möchte? Wahrscheinlich ist er beides. Bei genauem Hinsehen erkennt man in seiner ewig bereiten Dienstbarkeit aber ein bedenkliches Maß an Unterwürfigkeit und große charakterliche Schwächen.

23 „The Claudian world is a practical one, and within its own terms markedly more successful than the Hamlet world in maintaining law and order, peace and prosperity in the land. Claudius fights with superb skill and resolution for the security of his ‚state'." A. Gurr, S. 30.

Polonius zeigt sich geschmeidig-anpassungswillig, geschwätzig und von sich selbst eingenommen. Treten seine Charaktereigenschaften bereits in seinem Namen hervor?[24] Hamlets eher zufällig tödlicher Degenstoß beendet auf unrühmliche Art das Leben eines ebenso unrühmlichen Menschen.

Zwei negative Verteter der jugendlichen Adelsschicht sind **Rosenkranz und Güldenstern**, die Hamlet aus ihrer gemeinsamen Wittenberger Zeit bestens bekannt sind. Sie scheinen naiv und arglos gegenüber den Machenschaften König Claudius'. Das spricht sie nicht frei von Schuld, im Gegenteil, denn sie sind politisch erfahren und geschult genug, um Zusammenhänge wenn nicht zu durchschauen, so diese zumindest zu hinterfragen. Durch ihr unkritisches, auf den eigenen Vorteil bedachtes Handeln ziehen sie Hamlets Verdacht und Zorn geradezu auf sich. Ihr Tod ist (in Hamlets Augen) die einzig angemessene Konsequenz.[25]

Äußerst unangenehm tritt **Osrick** in Erscheinung. Er ist eine unbedeutende Figur am Rande des mörderischen Geschehens, seinem König absolut ergeben. Mehr scheinen als sein, auf diese Formel lässt sich sein gestelztes Gehabe am einfachsten bringen. Er ist der in seiner Aufgeblasenheit so dümmlich, dass Hamlet ihn nicht ernst nehmen kann. Der Hof aber benötigt einen Mann einen Osrick ebenso wie einen Polonius. Es gab sie an jedem Hof, und Gestalten wie sie hatten im Elisabethanischen Theater zum Ergötzen des Publikums ihren festen Platz.[26] Wirklich gefährlich ist Osrick nicht, aufgrund seiner

---

24 „In the context of the Fortinbras subplot, Polonius' name which means ‚from Poland', is worth noting. Though a comic figure at whose bureaucratic doubletalk we are meant to laugh, he has a visibly sinister side as well, a penchant for political intrigue and spying." M. Feingold, S. 20.

25 Beide werden in der erläuternden Hamlet-Literatur nicht als von Grund auf üble Charaktere angesehen, aber zumindest als „infinitely corruptible". Vgl. M. Mack, S. 251. Nach Hamlets Auffassung von Ehre und Moral haben sie ihren Tod selbst verschuldet, wie er in seinem Gespräch mit Horatio nüchtern feststellt (V, 2).

26 In Hamlets Augen ist Osrick nicht mehr als ein „foppish, gesticulating fool" (M. Feingold, S. 26), also nicht mehr als ein läppischer, wichtigtuerischer Trottel.

Ahnungslosigkeit jedoch der denkbar beste Handlanger für seinen König. Auch kleine Räder können in einem größeren Getriebe sehr wirkungsvoll funktionieren.

Laertes, der junge Edelmann und einstige Freund Hamlets, ist ein Opfer seiner Erziehung und seines ungestümen Temperaments. Er handelt, ohne die Dinge zu Ende zu denken. Willfährig akzeptiert er Urteile und Entscheidungen seines Vaters oder König Claudius', ohne je nach ihrem Sinn und Zweck zu fragen. In seiner Hitzköpfigkeit gleicht er dem jungen Tybalt aus *Romeo and Juliet*, allzu schnell bereit Konflikte im wörtlichen Sinne auszufechten. So kann ihn Claudius gefahrlos für seine Ziele benutzen, da er weiß, wie sehr Laertes seinen Vater und seine Schwester Ophelia liebt.

—

(b) Ophelia ist das unschuldigste Opfer der höfischen Intrige, zerrieben zwischen Gehorsamspflicht und Liebe. Als Tochter darf **Ophelia** den Ruf und die Ehre ihrer Familie nicht aufs Spiel setzen, muss ihrer Liebe zu Hamlet entsagen. Hilflos ist sie den Gesetzen einer von Männern beherrschten Welt ausgesetzt, von Männern, die sie als Frau gar nicht verstehen wollen und nicht verstehen können, weder ihr Vater, noch ihr Bruder, noch Hamlet.[27] An Ophelias Seite ist keine resolute Amme, keine Paulina, der sie sich anvertrauen könnte.[28] Ihr Wahnsinn erwächst aus den Qualen gänzlichen Alleinseins, aus tiefsten seelischen Erschütterungen.

Anders **Gertrude**, die Königin und Mutter Hamlets. Sie spielt als eine sehr starke Persönlichkeit eine zentrale Rolle, die sich

---

27 „She has no way to reconcile the contradictory selves her men demand that she be and still retain an equilibrium." Vgl. C. L. Stockton, S. 108.

28 Gemeint sind die herzerfrischende Amme *in Romeo and Juliet*, die das junge Mädchen aufgezogen hat, und Paulina aus *The Winter's Tale*, die resolute und treue ‚Komplizin' der duldsamen Hermione.

mit diesen Gegebenheiten arrangiert zu haben scheint. In keiner Szene jedoch wird deutlich, wo sie wirklich steht. Was weiß sie von Claudius' Verbrechen? Sie hat sich für Claudius entschieden. Den Dingen ihren Lauf lassen, auf der heiteren Seite des Lebens stehen – das scheinen ihre Grundsätze zu sein, mit denen sie das gewiss nicht einfache Zusammenleben mit ihrem sinnenfrohen zweiten Ehemann zu meistern sucht. Dabei ist nicht einmal offenkundig, wie sie tatsächlich zu ihm steht. Mit ihrer Entscheidung für König Claudius stellt sie sich aber nicht gegen ihren Sohn Hamlet, für dessen Situation sie Verständnis hat und dessen Leid sie quält. Auch an Ophelias Glück scheint ihr etwas zu liegen, aber sie bekennt sich nicht zu ihr. Kein einziges Mal nutzt sie ihre Stärke und Machtstellung, um den sich anbahnenden Verhängnissen eine andere Richtung zu geben. Mit dieser Passivität macht sie sich schuldig, auch wenn sie uns in vielen Szenen mehr als nur sympathisch ist.[29]

(**c**) Der junge norwegische Prinz **Fortinbras** kommt in nur drei Szenen vor (I, 2 – IV, 4 – V, 2). Übersetzt lautet sein Name „starker Arm", und als solcher tritt er auch in Erscheinung. Er ist der Neffe des kranken norwegischen Königs und der Einzige, der Ansprüche auf die Thronfolge deutlich werden lässt. Wo immer er kann, sucht er militärische Stärke zu beweisen, um seine Ansprüche auf eine Grundlage von Tat und Beweis zu stellen. Er entwickelt keine Sensibilität und kein Verständnis für Hamlets Situation. Er ordnet ein Staats- und Ehren-

29 Gertrude vergiftet sich unabsichtlich, wie es scheint. Sie stirbt nahezu unbemerkt, und „the irrelevance of this death to the main issue symbolizes Gertrude's entire character and her tragedy." Vgl. K. McLeish/St. Unwin, S. 45. Vehement hingegen verteidigt C. Heilbrun die Königin als eine sehr intelligente Persönlichkeit mit Augenmaß und der Fähigkeit, in entscheidenden Augenblicken das Richtige zu tun. Vgl. C. Heilbrun, S. 268.

begräbnis für Hamlet an, wodurch er lediglich die für ihn gültigen Maßstäbe umsetzt, ohne die Gründe nachvollziehen zu wollen oder zu können, die zur Tragödie von Helsingör geführt haben. In der „zeremoniellen und traditionellen Beisetzung", so lesen wir bei Uwe Baumann, „wird Hamlet gleichsam seines Andersseins beraubt, wird im Tod hineingenommen in die Gemeinschaft der hohlen Rituale des Kriegerstaates, deren zerstörerische Unmenschlichkeit er durchschaute, ohne eine Möglichkeit zu sehen, sie zu ändern."[30] Im Gegensatz zu dem etwa gleichaltrigen Prinzen von Dänemark verkörpert Fortinbras damit eher ein Bild der Stärke als wirkliche Individualität.[31] Er ist als lebendiger Vertreter der Gegenwelt dazu da, dem Zuschauer die ganze Tragik Prinz Hamlets offensichtlich zu machen.

Wir können den **Geist** des ermordeten Königs insoweit zu den wichtigen Figuren der Tragödie zählen, als er real mehrfach auf der Bühne erscheint (I, 1; I, 4; I, 5; III, 4;)[32] und Hamlet einen klaren Auftrag erteilt, durch den der innere Konflikt in dem Helden erst ausgelöst wird. Die Figur eines Geistes war keine Seltenheit auf den Bühnen der Zeit. Geisterglaube bestimmte noch in starkem Maße das Denken und Handeln der Menschen im ausgehenden 16. Jahrhundert, und in Shakespeares Dramen haben wir es immer wieder mit Geistererscheinungen zu tun (Caesars Geist in *Julius Caesar* oder Banquos Geist in *Macbeth*, um nur zwei weitere bekannte Beispiele zu nennen).

30 U. Baumann, S. 92

31 M. Feingold, S. 23

32 Häufig wird die These vertreten, dass der Geist König Hamlets nur in der Vorstellung des jungen Prinzen existiere. In der Realisation auf der Bühne zur Zeit Shakespeares ‚musste' der Geist für das Publikum sichtbar werden. Als solcher war er durch eine entsprechende Ausstattung erkennbar.

Hamlet – ein „existenzialistischer" Held

Wer sich mit der **Person des Prinzen Hamlet** befasst, sieht sich bald einer äußerst komplexen Situation gegenüber, die es sehr schwer macht, eine konturenscharfe Charakterisierung des Helden abzugeben. Die Tragödie ist beladen mit Äußerungen Hamlets zu den konkreten Gegebenheiten und Personen in seiner Umgebung, mehr aber noch mit seinen weit ausgreifenden Gedanken und Erwägungen über das Leben und die Menschen an sich. Das Leid, das der junge Prinz durchlebt, und die daraus von ihm gezogenen Konsequenzen kennzeichnen den Hamlet insgesamt als eine „existenzialistische Tragödie" im Sinne der Philosophie Jean-Paul Sartres und Albert Camus.[33] Seit dem Erscheinen des Geistes erlebt der Zuschauer ihn zwischen Himmel und Hölle, und er muss durch die Hölle gehen, um Ruhe und Frieden zu finden. Welche Entscheidung er auf seinem Weg auch immer trifft – Rache oder nicht – er kann die Welt nicht ändern und muss sie annehmen, wie sie ist. Hamlet durchschreitet dabei vier Stadien: (A) Am Anfang steht eine doppelte Schockwirkung: Durch den Geist erfährt er die Wahrheit, und er wird in die Rolle des Rächers wider Willen gedrängt. (B) In einem zweiten Stadium entwickelt Hamlet einen gerechten Zorn gegen jene, die ihn hintergangen haben, primär gegen Claudius und Gertrude. Dieser Zorn hat zunächst etwas Ohnmächtiges. (C) Zunehmend kanalisiert Hamlet seine Gefühle. Er baut seine psychischen Energien und seine Entschlusskraft stufenweise auf. Der fehlende Skrupel angesichts des getöteten Polonius sowie die unbarmherzige Abrechnung mit Güldenstern und Rosenkranz beweisen ein hohes Maß an Entschlossenheit, dem nur

33 Vgl. M. Bradbrook, S. 111 – Jean-Paul Sartre (1905–198) und Albert Camus (1913–1960) leiteten etwa ab 1940 durch ihre Philosophie („Existenzialismus"), die in bedeutenden erzählerischen, dramatischen und essayistischen Werken ihren Niederschlag fand, eine neue Sicht auf die Welt und den Menschen ein. Ich komme im Kapitel „Zur *Hamlet*-Rezeption" noch einmal auf diesen geistesgeschichtlichen Hintergrund zurück (siehe auch Kap. 2.7).

noch eine abschließende Aktion folgen muss. (D) Gefasst und mit sich im Reinen akzeptiert Hamlet in der Endphase seines Handelns als Folge seines deutlichen Bewusstseinswandels und seiner Persönlichkeitsveränderung auch den eigenen Tod, nachdem er mit Laertes und Claudius abgerechnet hat. Aus einer unentschiedenen Fragehaltung, in der er lange verharrt, sich selbst und die Menschen immer wieder prüfend, aus der Zurückgenommenheit verzweifelter Deliberation, aus schweren inneren Kämpfen, erwächst nach und nach ein beinahe mechanistisches Handeln, das von Ekel und Trauer, zunehmend auch Sarkasmus und kühler Strategie getragen wird.
Auf diesem Wege steht ihm sein langjähriger Freund **Horatio** zur Seite, eine der nobelsten und zugleich zurückgenommensten Figuren aus der reichen Figurenwelt Shakespeares, so etwas wie „Hamlet's calmer mirror image."[34]
Ehe ich den vier Stadien von Hamlets Persönlichkeitsveränderung nachgehe, so wie sie in der Tragödie aufeinander folgen, soll in einer Kurzcharakteristik eine Art Totalentwurf gegeben werden, der als Rückversicherung des Lesers zu verstehen ist, wenn die mitgeteilten Details es schwer machen, noch den ‚ganzen Hamlet' im Blick zu behalten.[35]

---

34 Vgl. C. L. Stockton, S. 97. Horatio gewinnt als Persönlichkeit noch mehr an Gewicht, wenn man sich seine verhältnismäßig geringen Sprechanteile verdeutlicht. Mit nur 265 gesprochenen Zeilen (von den männlichen Hauptfiguren hat nur Laertes weniger) tritt er nicht gerade auffällig oft in Erscheinung. Aber was er sagt und tut, ist von Bedeutung.

35 Bei diesem Abschnitt handelt es sich um eine leicht gekürzte Übertragung eines englischen Textes durch den Autor. Vgl. M. Feingold (Klett Lektürehilfen/Barron's Book Notes), S. 17–18.

In Kommentaren und Interpretationen wird häufig übersehen, dass Hamlet zuallererst eine Rolle in einem Schauspiel, erst in zweiter Hinsicht Ausdruck dieser oder jener Sichtweise auf das menschliche Leben ist. Man könnte (sogar) sagen, dass Hamlet als Typ nicht eindeutig klassifizierbar ist. Vielmehr ist er eine besondere, ganz einmalige Persönlichkeit, die, wie wir selbst, aus unterschiedlichsten Stimmungen und Antrieben lebt (...)
In Hamlet tritt uns eine Persönlichkeit von außergewöhnlicher Intelligenz und Empfindsamkeit gegenüber, dem es zusteht und der fähig ist, höchste Posten zu besetzen, der sich aber unvermittelt mit einer erschreckenden und gewalttätigen Situation konfrontiert sieht, die ihm entschiedenes Handeln abverlangt. Kein Wunder, dass wir ihn zwischen Extremen seines Verhaltens pendeln sehen auf der Suche nach Gewissheit und nach dem besten Weg, seine Aufgabe zu erfüllen.
Die Tatsache, dass er denkt und fühlt, sich des Guten wie Verwerflichen in jedem seiner Schritte voll bewusst ist, macht ihm seinen Racheakt zur persönlichen Tortur. Rache ist nicht christlich, aber Hamlet ist als Thronfolger christlich erzogen. Rache ist auch nicht rational, und Hamlet ist ein Philosoph. Rache ist auch nicht vornehm, aber Hamlet ist ein *gentleman.*
Anders als der typische Held des *Elizabethan Revenge Play* (...) geht Hamlet seinen Weg nicht mechanistisch;er hinterfragt sein Handeln. Er hat Ängste und Zweifel, wie sie jeder von uns hätte, wenn er in derselben Situation wäre. Der Kampf eines modernen skrupelhaften Bewusstseins mit den Regeln und Gesetzen der Menschheit in ihren uralten Bestimmungen macht das Stück groß und zum Gegenstand eines universalen Interesses.

(A) Hamlet tritt zum ersten Mal im Gespräch mit seiner Mutter und König Claudius auf (I, 2, 64; Akt-, Szenen- und Versangaben nach der *zweisprachigen Reclam-Ausgabe, RUB 8243*). Dass den Wachhabenden auf den Mauern von Helsingör und seinen Freund Horatio eine Geistererscheinung, die dem verstorbenen König gleicht, intensiv beschäftigen, ahnt er noch nicht. Just dahin lenkt Hamlet aber selbst die Gedanken, so dass seine Mutter ihn sanft ermahnen muss, nicht länger über den Tod des Vaters nachzusinnen (I, 2, 68 ff.). Den Worten König Claudius' schenkt er kaum Aufmerksamkeit. Beiden gegenüber wahrt Hamlet lediglich die gebotene Form; zwischen ihm und dem Königspaar hat sich offenkundig eine tiefe Kluft aufgetan. Seinen wirklichen Gefühlen lässt er freien Lauf, als er allein im Zimmer ist (**I, 2, 129–159**). Wir sehen einen zwischen Einsicht in die eigene Schwäche, Selbstmord, den er am liebsten beginge, nicht begehen zu können, und trotzigem, ja wildem Aufbegehren gegen den Schmutz der Welt (Ehebruch der Mutter, Abscheu vor Claudius) schwankenden Hamlet. Er hat noch keinen festen Boden unter den Füßen, wie es scheint. In dieses Durcheinander aufgestörter Gefühle in Hamlet fällt Horatios Nachricht, den toten König als Geistererscheinung gesehen zu haben. Der junge Prinz will alle Einzelheiten der seltsamen Erscheinung und Begegnung wissen (I, 2, 226 ff.), die ihn fasziniert und beunruhigt. Bedrohliches liegt über Helsingör. Hamlet ahnt für die Zukunft nichts Gutes: „Ich befürchte böses Spiel ..." (**I, 2, 256**), aber er ist entschlossen, dem Geist, durch den sein Vater spricht, in der folgenden Nacht selbst entgegenzutreten. Die Luft wird buchstäblich dünn und kälter (I, 4, 1), als Hamlet, von seinen Freunden begleitet, auf der Burgterrasse dem Erscheinen des Geistes entgegenharrt. Vor Horatio malt er gerade krass das ihn zutiefst abstoßende Bild des neuen Königs aus, als der

Geist tatsächlich wie aus dem Nichts da ist und ihn auffordert, ihm zu folgen. Allein mit dem Geist, wird Hamlet beschworen, den Tod des Vaters zu rächen (**I, 5, 25**), der einem verbrecherischen Giftanschlag des eigenen Bruders zum Opfer fiel. (I, 5, 59–79) Hamlet ist fassungslos über die Tat seines Onkels und schwört, den Racheauftrag auszuführen, um seinem Vater Genugtuung zu verschaffen. Nur dunkel weiht er Horatio und die übrigen Freunde in den Inhalt des Gesprächs ein („Es gibt mehr Dinge zwischen Himmel und Erde ..." – I, 5, 165 ff.) und verlangt von ihnen, absolutes Stillschweigen über das Vorgefallene zu wahren. – Keineswegs glücklich über den Gang der Dinge, ergibt er sich in das Schicksal, das ihm mehr auferlegt hat, als er zu meistern sich je vorgenommen hatte: „Die Zeit ist aus den Fugen, o verfluchte Schicksalstücken, dass jemals ich geboren ward, um sie zurechtzurücken." (**I, 5, 188–189**)

Hamlet wird jäh in die Wirklichkeit gestoßen

Unzweifelhaft sind vom Ende des I. Aktes her gesehen in Bezug auf Hamlets Situation drei Fakten: Er steckt in einer tiefen Krise, die ihren Grund im Tod seines Vaters und in der schnellen, für ihn zu schnellen Wiederverheiratung seiner Mutter hat (auf weitere konkrete Ursachen gibt es keine Hinweise); die Mitteilung, dass Claudius König Hamlet ermordet hat, trifft ihn gänzlich unvorbereitet und löst größte Fassungslosigkeit in ihm aus; nach der Begegnung mit dem Geist sieht sich Hamlet von einem Augenblick zum anderen in eine Welt hineingestoßen, die ihm bis dahin fremd war. Aber warum, so wird sich jeder fragen, braucht Hamlet von dieser Stunde an so lange, den Tod des Vaters zu rächen?

Hamlet steht unter Schock. Er benötigt Zeit, um zu sich zu kommen. So glaubwürdig ihm die Aussagen des Geistes auch erscheinen, so ungewiss ist ihm doch noch zu vieles. Es liegt gerade in der Lauterkeit seines Charakters, Dinge abzuwägen, zu überprüfen und in seiner Besonnenheit, nicht, wie Laertes, impulsiv zu handeln. Also nimmt er sich gemäß seinem Wesen Zeit, um dem Wahrheitsgehalt der erschütternden Botschaft auf den Grund zu gehen. Dieser Weg zwingt ihn zu gemäßigtem Tempo und zur ‚Zweigleisigkeit': zum einen muss er ‚unwissend' tun und seine dem König untergeordnete Rolle bei Hof akzeptieren; zum anderen muss er strategisch geschickt vorgehen, um zu seinem Ziel (Aufdeckung der Wahrheit) zu gelangen. In jedem Fall entscheidet er sich, seine Zurückgezogenheit, seinen bloßen Beobachtungsposten aufzugeben und zu handeln.[36]

Hamlet in drei entscheidenden Situationen

(B) Es ist verständlich, dass Hamlet, je näher er der Wahrheit kommt, auf diesem Weg seine Gefühle nicht immer kontrollieren kann, auch gar nicht kontrollieren will. Bei seinen nächsten Auftritten erleben wir ihn in drei unterschiedlichen Situationen, die alle Vorstufen des großen Aufeinandertreffens mit König Claudius sind:
Erfolgreich narrt er Ophelia und die an den Hof beorderten Rosenkranz und Güldenstern. Sodann gelingt es ihm, König Claudius mit dem Schauspiel *Die Ermordung des Gonzago* in die gestellte Falle zu locken. Krass stößt er seine Mutter auf die Wahrheit und ersticht dabei den Polonius, nachdem er zuvor den betenden König verschont hatte.
Hamlet zeigt sich als die das Geschehen im II. und III. Akt absolut dominierende Figur. Zweifellos durchschaut er Clau-

36 „Der Aufschub ist eine kompositorische Notwendigkeit des Dramatikers. Dies kann man in frivoler Spielart vorbringen – Rache nach I, 5 ergäbe kein Stück, der Aufschub ist schlichte technische Begründung (...). Eine ernsthafte Version dieser Erklärungsrichtung versucht, in gattungsmäßiger Einordnung zur Rachetragödie die Tatsache und die Umstände des Aufschubs aus den gegebenen ethischen Problemen abzuleiten." Vgl. H. Klein, S. 136. Ich möchte dem Leser in Erinnerung halten, dass der existenz-philosophische Ansatz M. Bradbrooks (Hamlets Geworfensein in die Welt und sein Sich-Entscheiden) für diesen Abschnitt meiner Interpretation leitend ist.

dius' Pläne und versucht ihm zuvorzukommen. Er sieht sich nicht nur betrogen und verbrecherisch um die Nachfolge seines Vaters gebracht; hinter seinem Aufbegehren gegen alles und (beinahe) jeden in seiner engsten Umgebung verbirgt sich als entscheidendes Motiv die enttäuschte Liebe des Sohnes zu seinem Vater und auch zu seiner Mutter.[37]
Hamlet tritt in den beiden Akten als ideenreicher Regisseur, Zyniker und Spötter, perfekter Schauspieler, als vorwärtsdrängender, aber keineswegs ungestüm Handelnder auf. Er ist zugleich tiefsinniger Philosoph und ein zutiefst einsames Kind, das bereit ist, Liebe zu geben und das nach Liebe schreit. Wir sehen ihn im Gespräch mit allen für sein bisheriges Leben bedeutsamen Personen, die seinem Witz und scharfem Verstand, seinen Scheinmanövern und harten Argumenten nichts entgegenzusetzen haben. Alle bleiben bereits in diesen Szenen moralisch auf der Strecke. Als erste Ophelia, die ihren Augen (II, 1, 74–81) und später ihren Ohren (**III, 1, 118–148**) nicht trauen will. Hamlet attackiert sie unglaublich drastisch.[38] Ironisch erteilt er Polonius eine Lektion, ohne dass dieser es bemerkt (II, 2, 171 ff. ; II, 2, 376 ff.) und macht auch Rosenkranz/Güldenstern lächerlich (II, 2, 292 ff.), dass ihnen die Sprache wegbleibt. Mühelos kann er die Schauspieler für seine Zwecke gewinnen, denn er erweist sich als Autorität auf diesem Gebiet (II, 2, 427 ff.). Geradezu genüsslich nimmt Hamlet wahr, dass König Claudius sich der Wirkung des inszenierten Spiels mit dem treffenden Titel *Die Mausefalle* nicht entziehen kann und durch seinen hastigen Aufbruch noch während der Vorstellung das erwartete Schuldgeständnis ab-

37 „Hamlet's struggle with the society he lives in brings him up against some of the most profound truths of human experience: the fragility and sadness of love, the futility of violence, the transitory nature of life and an intimation of the great ‚undiscovered country' in which social order is confounded and aspirations perish." K. McLeish/Stephen Unwin, S. 47

38 „In the scene that follows (Anm. des Verf.: III, 1, 90 ff.) he treats her as if she were indeed an inmate of a brothrel." M. Mack, S. 240.

gibt (**III, 2, 251 ff.**). Kühl und beherrscht lässt Hamlet die erste Möglichkeit zur Rache verstreichen, als er den betenden König überrascht (III, 3, 72 ff.). Er weiß, dass mit dessen gewaltsamen Tod im Moment des Gebets jedes Gran von Schuld, die er auf sich geladen hat, getilgt worden wäre.[39] Viel lieber möchte Hamlet ihn in einer unheiligen Handlung überraschen, wo dann die Seele des Königsmörders ungetröstet zur Hölle führe: „Nein! Weg, Schwert, du sollst einen grausigeren Griff erleben: Wenn er betrunken schläft, oder in seinem Zorneswüten, oder in der blutschänderischen Freude seines Betts..." (**III, 3, 86 ff.**) Gnadenlos hält Hamlet dann seiner Mutter einen Spiegel vor (**III, 4, 18 ff.**). Er konfrontiert sie mit den Gemälden des alten und gegenwärtigen Königs und zeigt ihr schonungslos ihren moralischen Tiefstand auf (52–86). Die Königin ist ratlos und am Ende ihrer Beherrschung, als er ihr abschließend sagt: „Nochmals gute Nacht, und sobald Ihr selbst nach Gottes Segen strebt, will ich Euch um Euren Segen bitten." (170–172). Zur Mäßigung, wenigstens für einen kurzen Moment, kann ihn lediglich das Erscheinen des Geistes bringen (III, 4, 101–135).

Hamlet im Widerstreit mit seinen Gefühlen

Trotz aller Entschiedenheit, die sich in Hamlets Auftreten zeigt, fehlt ihm erkennbar die letzte Entschlossenheit zur Tat. Dass er den König um einer besseren Gelegenheit wegen noch nicht tötet, ist nur *ein* Indiz dafür. Hamlet geht voller Skrupel mit sich zu Rate und reflektiert jedes seiner Motive und jeden Schritt seiner Entscheidungen genau. Dabei wird sichtbar, dass er noch von den Werten getragen wird, von denen er bisher die Maßstäbe für jedes Handeln abgeleitet hat. Sie kommen in seinen großen Monologen des II. und III.

39 Im elisabethanischen Zeitalter wurde es als schmachvoll angesehen, den Körper und die Seele eines betenden Menschen gleichzeitig auszulöschen. („...To kill a man at prayer was a disgrace like cutting his throat in the church." A. Gurr, S. 97).

Aktes zum Ausdruck (**II, 2, 543–600; III, 1, 56–88; III, 2, 383–394** und **III, 3, 72–96**). Als er aber Polonius getötet hat und angesichts der Bluttat wenig Bedauern zeigt, regt sich erstmals so etwas wie ein primitiver Instinkt in ihm – der Instinkt zum Töten.[40]

(C) Dieser Instinkt wandelt sich im IV. Akt in Hamlets Bewusstsein zu einer nüchternen Gedankenfolge, an deren Ende die nicht länger hinterfragte Bereitschaft zur entscheidenden Rachetat steht. Bestärkt sieht sich Hamlet zunächst durch das Doppelspiel von Rosenkranz und Güldenstern, denen er ungeschminkt sagt, wie er ihr Verhalten beurteilt (IV, 2, 9 ff.). Auch gegenüber Claudius verliert er jede Zurückhaltung, hat er doch längst begriffen, dass die England-Mission von diesem nur inszeniert wird, um ihn auszuschalten (IV, 3, 40–52; Brief Hamlets an Horatio: IV, 6, 12–30). Einen letzten Anstoß erhält Hamlet durch die Begegnung mit den Truppen Fortinbras, die ihn zu einem schlussendlichen Selbstauftrag bringt: „Oh, ab jetzt, Gedanken, seid mir voll von Blut, sonst seid ihr zu gar nichts gut!" (**IV, 4, 65–66**) Der Rest ist Formsache, so scheint es nun, aber selbst in der letzten Tat wahrt Hamlet seine edle Natur.

40 Darin wird der Wendepunkt in Hamlets Einstellungen und in seinem Verhalten gesehen, so auch von L. Stockton, bei der es heißt: „Hamlet has finally acted on his bloodlust, a bloodlust he has sublimated until this moment." S. 66.

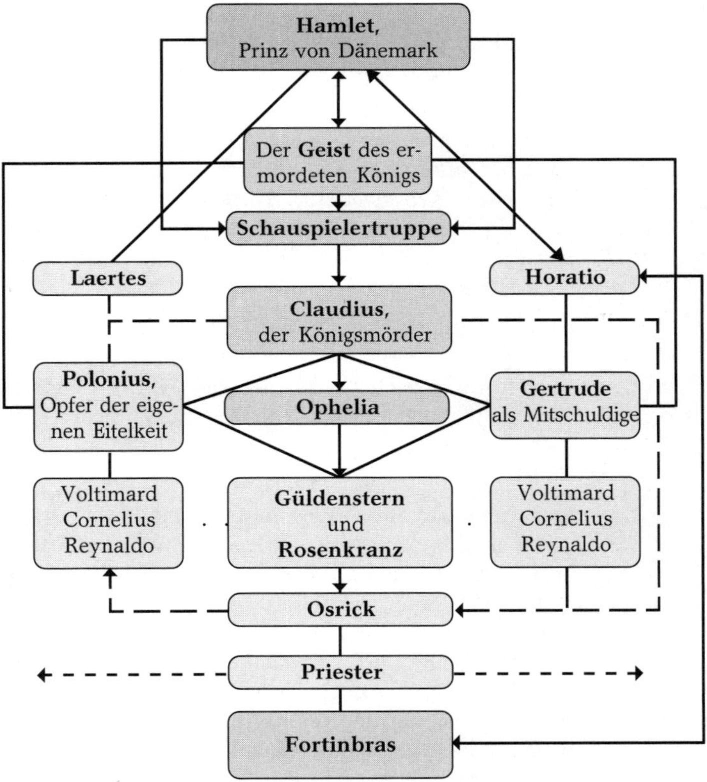

Personengefüge

Während die Phalanx des Bösen (Claudius und sein Anhang) durchbrochen wird, schließen sich von Hamlet über Horatio zu Fortinbras die Reihen fest zusammen. Der Gerechtigkeit ist Genüge getan, und die Ordnung ist wieder hergestellt.

Dieser zentral wichtige Monolog (**IV, 4, 32–66**) bilanziert gewissermaßen sämtliche Gedankenwege Hamlets und führt sie in der zitierten Quintessenz zusammen. L. Stockton gliedert ihn in fünf Abschnitte:

> *„The first section identifies Hamlet's mission – The second section exhorts him to act – The third section sets Fortinbras' example of how Hamlet should act – The fourth section specifies Hamlet's perplexity over the Poles' and Norwegians' willingness to die for so little in contrast of his own inability to act on so much – The fifth section provides resolution."*[41]

Hamlet ist nun innerlich an den Punkt gekommen, an dem es für ihn, bei seinem Entschluss zu handeln, kein Zurück mehr gibt. Er hat sich mit den Gegebenheiten der Welt arrangiert. Sie entspricht nicht seinen Idealen, aber er nimmt sie an und führt aus, wozu er sich durch seine Geburt aufgerufen sieht (I, 5, 188–189).

(D) Im Schlussakt betritt Hamlet als ein Gewandelter die Bühne. Eine Last scheint von ihm abgefallen zu sein. Er hat offenbar ganz zu sich selbst gefunden. Der Grabszene (V, 1) kommt dabei der Charakter einer Schlüsselszene zu. Sie zerfällt in zwei Abschnitte. Im ersten scherzt Hamlet mit den Totengräbern, derb-witzigen Figuren[42], die Ophelias Grab ausheben und dabei allerlei Gebein zutage fördern. Die nur scheinbar oberflächlich hin- und herfliegenden groben Scherze entzünden sich an den Lebensgeschichten der Verstorbenen und offenbaren eine relativierende Sicht der Beteiligten auf das Leben. Die Totengräber haben viel erlebt, und für sie ist der Tod der große Gleichmacher (V, 1, 69–72; 93–96). Für Hamlet run-

41 L. Stockton, S. 76. Ich werde diesen Monolog weiter unten noch einmal aufgreifen.

42 Die beiden Totengräber entsprechen anderen ‚Narrenfiguren' in Shakespeares Werk, von denen der Narr Feste in *Twelfth Night or What You Will* und der *Fool* in *King Lear* die berühmtesten sind. Zu den Narren in Shakespeares Werk vgl. A. Posener, S. 51–56; abgekürzt auch bei R. Poppe: *Literaturwissen*, S. 183 ff.

det sich nun das Erfahrungsbild seines Lebens zu derselben Erkenntnis.[43] Im zweiten Abschitt von V, 1 mündet das Sich-mit-dem-Tod-Befassen in eine Kampfhandlung (Hamlet-Laertes), die das Duell der nachfolgenden Szene und seinen Ausgang vorwegnimmt: „Wahrlich, über diese Sache will ich mit ihm kämpfen, bis meine Augenlider sich nicht mehr bewegen." (**V, 1, 260–261**) Aus diesen Worten Hamlets wie aus den dunklen Vorahnungen, die er gegenüber Horatio äußert (V, 2, 208 ff.), spricht zwar eine gewisse Ergebenheit, sich in den Lauf der Dinge zu fügen, aber auch Entschlossenheit, die Dinge nun zu einem raschen Ende zu bringen, wie auch immer dieses aussieht: „Es liegt besondere Vorsehung selbst im Fallen eines Spatzen. Wenn es jetzt sein soll, kommt es nicht mehr; wenn es nicht mehr kommt, wird es jetzt sein; wenn es jetzt nicht ist, wird es doch kommen – Bereitsein ist alles." (**V, 2, 208 ff.**). Hier sehen wir Hamlet ganz und gar als den ‚existentialistischen' Helden, der bereit ist zu handeln und die Verantwortung für sein Handeln zu tragen.[44] Im Duell mit Laertes bestätigt Hamlet noch einmal seinen edlen Charakter und bietet ihm die versöhnende Hand, die sein Gegner nicht zurückweist. Hamlet hat die Herausforderung ohne Argwohn und Hintergedanken angenommen und will den „brüderlichen Wettgang freimütig ausfechten." (V, 2, 242–243). Es spricht daraus allerdings auch ein Stück ungebrochener Naivität, denn er rechnet nicht einen Augenblick lang mit der Tücke seines ärgsten Widersachers (Claudius), der diese letzte Gelegenheit, Hamlet zu vernichten, auf infame Weise nutzt. Bereits unter der Wirkung des Giftes hat Hamlet noch die Ener-

43 „The point is that he has now learned, and accepted, the boundaries in which human action, human judgement, are enclosed." M. Mack, S. 253.

44 „Here, Hamlet portrays the consummate existentialist, facing his struggle to play out with dignity and honor the part that has been written for him on the stars. He truly exists in the moment, and will seize it." L. Stockton, S. 95.

gie, den König mit einem raschen Degenstich zu töten und ihm den vergifteten Wein einzuflößen. Er tut dies ohne zu zögern, hasserfüllt in seinen Worten und mit dem ganzen aufgestauten Ingrimm (**V, 2, 313–314**). Aber auch bei ihm wirkt dann das Gift. Hamlet verzeiht seiner Mutter (V, 2, 321), ehe er selber stirbt. Sein letztes, vieldeutiges Wort ist das wohl bekannteste der Tragödie geworden: „Der Rest ist Schweigen." (**V, 2, 346**)

—

„Hamlet ist ein schönes, reines, edles, höchst moralisches Wesen. Eine große Tat ist auf seine Seele gelegt, die dieser Tat nicht gewachsen ist."[45] Kein Geringerer als Johann Wolfgang Goethe urteilte mit diesen Worten über die Titelgestalt der Tragödie. Da erscheint Widerspruch kaum angezeigt. Ist es dabei dennoch nicht erstaunlich, dass wir von der Persönlichkeit des Hamlet immer wieder eingenommen sind und ihn stets als ein tragisches Opfer seiner selbst und aller Umstände sehen? Hat er nicht Ophelia verraten und in den Tod getrieben? Zeigt er irgendein Bedauern, als er Polonius erstochen hat? Kann ein gebildeter Mensch so mit dem Körper eines Toten umgehen? Wieviel Gleichgültigkeit gehört dazu, die beiden (ehemaligen) Jugendfreunde in den Tod zu schicken, selbst wenn sie sich in seinen Augen schuldig gemacht haben? Gleiches mit Gleichem oder Schlimmerem zu vergelten, das entspricht keineswegs christlichen Grundsätzen des Handelns! Und: Ist es nicht vermessen, alles Unrecht revidieren zu wollen, und dies um den Preis vielfachen, schließlich auch des eigenen Todes? Hamlet irrt in dem, was er tut. Irrtümer gehören zum Leben eines Menschen, auch große, aber sie heben begangene Verfehlungen nicht auf. Hamlets Verfehlungen

45 J. W. Goethe, zitiert nach Hans H. Rudnick, S. 171

sind gewaltig, daran gibt es keinen Zweifel. Was also unterscheidet ihn von einem Richard, einem Iago, einem Edmund?[46] Nun, Hamlets Motive sind lauter. Hierin stimmen die meisten Erklärungsmuster überein. Es treibt ihn kein persönlicher Ehrgeiz an und und kein Neid;er handelt auch nicht aus Missgunst oder aus Lust am Bösen. Hamlet ist kein aufsässiger Thron-Aspirant, der seine Stunde nicht abwarten kann. Erst recht ist er kein Rebell um des Rebellierens willen. Hamlet ist ein Mensch mit einer unglaublichen Weite und Tiefe an Gedanken, des Edelsten wie des Fürchterlichsten fähig – mit den Worten des bedeutenden Shakespeare-Kenners E. M. W. Tillyard auf die Tragödie und ihre Titelfigur bezogen: „*Hamlet* is largely animated by Shakespeare's consciousness of man's being in action like an angel in apprehension like a god, and yet capable of all baseness."[47]
Die Frage, was aus Hamlet unter anderen Verhältnissen geworden wäre, ist rein hypothetisch. Dennoch sei sie gestellt, denn sie ist interessant, geht man von den günstigen Anlagen und Voraussetzungen aus, die ihm in die Wiege gelegt wurden. Natürlich ist jede Antwort spekulativ und sie mag deshalb jedem zur Beantwortung überlassen bleiben. Bei seinem ersten Auftreten ist Hamlet psychisch bereits erkennbar angeschlagen. Er hat sich in sich selbst zurückgezogen und erscheint sogar für seine engsten Freunde (Horatio) nur noch bedingt zugänglich. Welche Themen bewegen ihn, um welche Fragen und Zusammenhänge kreist sein Denken, was beschäftigt die Menschen in seiner Umgebung an ihm? Ein bei B. Davies entfalteter Themenindex umfasst elf Kernbereiche mit einer Fülle differenzierter Teilaspekte:

---

46 Diese Namen stehen für drei ‚klassische' Bösewichte bei Shakespeare: den verwachsenen König *Richard III*. aus der gleichnamigen Tragödie; den üblen Intriganten aus *Othello* und den verbrecherischen unehelichen Sohn Gloucesters aus *King Lear*.

47 E. M. W. Tillyard, S. 76

„His mental state – His madness – Confining madmen – His attitude to people – His feelings about death – His feelings about his environment – His feelings about revenge – His feelings about women – His personality and character – His political standings and attitudes – His youthfulness.“[48]

Einzelne seiner im Zusammenhang mit seinen Reflexionen stehenden Aussprüche sind (beinahe) Allgemeingut geworden. Zu den berühmtesten, die hier im Original und in der deutschen Schlegel-Übersetzung (RUB 31) zitiert sein sollen, gehören:

frailty, thy name is woman...
– Schwachheit, dein Name ist Weib (I, 2, 146)

To be, or not to be, that is the question...
– Sein oder Nichtsein, das ist die Frage (III, 1, 56)

Suit the action to the word...
– Passt die Bewegung eurem Wort (...) an (III, 2, 19)

The readiness is all...
– Bereitsein ist alles (V, 2, 211)

The rest is silence...
– Der Rest ist Schweigen (V, 2, 346)

Werfen wir noch einen etwas schärferen Blick auf Hamlet als politischen Menschen, dessen ‚counter-plots' zusammen mit den ‚plots' des Claudius' als die strukturgebenden Merkmale der Tragödie zunehmend bösartiger und krasser werden. Sie entfalten sich am deutlichsten zwischen dem II. und dem IV.

48 Vgl. B. Davies (Hg.), S. 341–347, an dessen Übersicht diese geraffte Stichwortfolge orientiert ist.

Akt, in der breit angelegten Mitte der Tragödie also, in denen Hamlets Welt- und Menschenbild stückweise zerbricht.[49] Hamlet ist dabei seinem Antagonisten im Denken immer einige Bewegungen voraus und unterläuft ihn durch seine klugen und kühl berechneten Aktionen. Sie gründen sich auf seine Einsicht in die Brüchigkeit der menschlichen Existenz und der Welt, jener„mortality", die er auf Helsingör so intensiv erfährt.[50] Dennoch ist Hamlet kein Nihilist. Er hat Werte verinnerlicht und eigene Maßstäbe für sein Leben aufgebaut. Nun muss er, der nachdenkliche Schöngeist und introvertierte Intellektuelle, sein ganzes Wesen niederringen, um sich frei zu machen für den Vater-Geist-Auftrag. Damit beginnt sein doppelter Kampf – gegen sich selbst und König Claudius.

Hamlet ist kein Nihilist

Wo steht er gesellschaftlich und politisch? Wie sehen ihn die anderen?

Jeder in Dänemark weiß, dass er seiner Abkunft und seinem Stand gemäß ein geborener ‚König' ist. Seinen eigenen Worten zufolge hat er sich in Wittenberg innerlich wohl auf seine Thronfolge und damit auf die Amtspflichten als Nachfolger eines hochgeachteten und beim Volk beliebten Königs vorbereitet (V, II, 64–65). Unter der unerwarteten Führung seines Onkels sieht sich Hamlet plötzlich in die Tagespolitik involviert und dazu aufgefordert, sich in Dänemark so zu verhalten, wie es ihm das Königspaar vormacht (I, 2, 108–109, 122).

---

49 Dazu führt H. Klein aus: „So ist die Mitte (...) die Strecke der breitesten Ausfaltung des Dramas; zugleich das Stadium der Handlung, das zunächst von der gegenseitigen Sondierung der Gegner bestimmt ist. Im Mittelpunkt der ‚Mitte' und zugleich ziemlich genau im Mittelpunkt des ganzes Dramas steht das Spiel im Spiel, durch das sich die beiden Gegner wechselseitig durchschauen. Das führt zur fortschreitenden Ablösung des Belauerns und Ausforschens durch (verfehltes) Handeln und endet mit dem scheinbaren Sieg des Antagonisten." Vgl. H. Klein im Nachwort der deutschen Hamlet-Ausgabe (RUB 31), S. 149.

50 Diesen Begriff verwendet M. Mack, um die Atmosphäre der Tragödie zu kennzeichnen. „Mortality" findet einen dreifachen Ausdruck „in the play's emphasis on human weakness (...), on infection (...) und „as a profound consciousness of loss." Vgl. M. Mack, S. 246 ff.

Er wird von jedem geschätzt, auch von Laertes. Das von Ophelias Bruder geäußerte Bedauern über die ‚Geisteskrankheit', die Hamlet daran hindere, einen seinem Rang und seinen Fähigkeiten entsprechenden Posten einzunehmen (I, 3, 17–24), klingt ehrlich. Doch Hamlet hat mit seiner ausgeprägten Intelligenz rasch wahrgenommen, was seine Freunde vor ihm nur unklar gesehen haben: „Dänemark ist ein Gefängnis." (II, 2, 244). An diesem Ort will (und hat) er keine Zukunft, ihm fehlt es dort an „Aufstieg" (III, 2, 333), d. h. an legalen Möglichkeiten, den ihm zustehenden Platz zu besetzen. Hamlets zutreffende Beurteilung der Lage Dänemarks ließe ihm zwei Auswege: die Umkehrung oder die stillschweigende Hinnahme der kranken Zustände im Staat. Im Augenblick der einsamen Auseinandersetzung mit seiner über den Niederungen des Alltags stehenden Mission betritt Hamlet endgültig die korrumpierte politische Bühne. Es ist seine eigentliche Tragik, dass er gerade damit, wie Uwe Baumann schreibt, „in die dumpfen Rituale von Blut und Mord" eintaucht. Er lässt sich gegen die eigene Vernunft und seinen gesunden Menschenverstand instrumentalisieren[51] und wird „gleichsam seines Andersseins beraubt, wird im Tod hineingenommen in die Gemeinschaft der hohlen Rituale des Kriegerstaates, deren zerstörerische Unmenschlichkeit er durchschaute, ohne eine Möglichkeit zu sehen, sie zu ändern."[52] Hamlet ist kein politischer Stratege, kein Kämpfer mit der für das harte politische Tagesgeschäft notwendigen Dickhäutigkeit, erst recht kein Charisma-Träger, der schon kraft seiner Persönlichkeit den Dingen eine entscheidende Wende geben könnte.

---

51 Die dazu erforderlichen Voraussetzungen sind gegeben: ein Medium, das sich „instrumentalisieren" lässt (Hamlet in seinem depressiven Gemütszustand) und ein zweckgerichtetes Einwirken auf das Medium (der Geist). Vgl. R. Poppe: *Literaturwissen,* S. 152.

52 U. Baumann, S. 92

Ist der *Hamlet* ein politisches Drama?
Der von einigen Interpreten vertretenen These, den politischen Momenten des Stückes werde gemeinhin zu wenig Aufmerksamkeit geschenkt[53], schließe ich mich vorbehaltlos an. Wir sollten aber nicht vergessen, dass es sich in erster Linie um ein Schauspiel handelt[54], das seinen Protagonisten Hamlet in eine höchst schwierige persönliche Situation stellt, aus der dieser einen Ausweg sucht. Es handelt sich nicht um die biografisch exakte Darstellung einer historischen Figur, die politisch scheitert. Wie auch immer man den *Hamlet* für sich selbst lesen und verstehen will, man tut gut daran, sich mit dogmatischen Auslegungen in jeder Richtung zurückzuhalten.

Der *Hamlet* ist keine exakte Darstellung einer historischen Persönlichkeit und von Zeitumständen, an denen sie scheitert

Große Geister sind nicht müde geworden, gerade diese Tragödie und ihre Zentralgestalt in aphorismengleiche Formulierungen zu fassen. Beinahe alle sind unvollkommene Versuche, so etwas wie ‚Endgültigkeiten' zu formulieren. In den meisten von ihnen offenbart sich auch nicht mehr als eine beträchtliche Hilflosigkeit gegenüber dem Phänomen *Hamlet,* das eingangs angesprochen worden ist. Einige möchte ich an den Schluss dieses Kapitels stellen:[55]

- *Hamlet ist die Krise des europäischen Geistes* (Julius Baab)
- *Hamlet ist Deutschland* (Ferdinand Freiligrath)
- *Hamlet ist ein schönes, reines, edles, höchst moralisches Wesen. Eine große Tat ist auf seine Seele gelegt, die dieser Tat nicht gewachsen ist* (Johann Wolfgang von Goethe)

53 Vgl. dazu U. Baumann, S. 87–93, dessen Interpretationsansatz ausschnittweise im Kapitel **2.7** dieses Erläuterungsbandes zitiert wird.
54 Darauf weist u. a. auch Jan Kott entschieden hin (siehe Kapitel **2.7**).
55 Zitiert nach R. Poppe in der älteren Ausgabe unseres Erläuterungsbandes (^{4}1997), S. 57.

- *Wir selbst sind Hamlet* (William Hazlitt)
- *Hamlet ist die Menschheit* (Gustav Landauer)
- *Hamlet ist die Tragödie der Unentschlossenheit* (Peter Quenell)
- *Hamlet ist das Genie schlechthin* (Friedrich Schlegel)
- *Hamlet ist der Zuschauer seiner eigenen Tragödie* (Oscar Wilde)

2.5 Sachliche und sprachliche Erläuterungen

Die Erläuterungen bleiben auf Notwendiges beschränkt. In den Versangaben folge ich der ***zweisprachigen Reclam-Ausgabe, Bd. 1***, die in der Neuübersetzung von Holger M. Klein trotz ihrer beibehaltenen Nähe zum Original sehr klar und verständlich ist.

Helsingör, eine Stadt an der Ostküste der dänischen Insel Seeland, ist der zentrale Schauplatz des Geschehens. Aufgrund ihrer strategisch günstigen Lage hatte die Stadt damals in militärischer und wirtschaftlicher Hinsicht große Bedeutung (Befestigungen, Zollgelder). Zu Shakespeares Zeit war die lange und stolze Geschichte der dänischen Könige auf Wandteppichen dargestellt, die in der Schlosshalle hingen. Wahrscheinlich ist Shakespeare niemals auf Schloss Helsingör gewesen. Es ist anzunehmen, dass er durch Beispiele der mächtigen englischen Burgen (Warwick, Dover) in der eigenen Umgebung genaue Detailvorstellungen ableitete. Spezifische Einzelheiten über Schloss Helsingör mag er von dort gastierenden Schauspielern erfahren haben. Im Jahre 1589, also ca. 11 Jahre vor der Niederschrift des *Hamlet*, rückte Dänemark durch die Hochzeit des damaligen schottischen Königs, Jakobs VI., mit Anna von Dänemark in die Schlagzeilen.

Der im Schauspiel angedeutete Krieg zwischen *Norwegen* und *Polen*, in den Dänemark indirekt einbezogen war, ist vor dem Hintergrund der unablässigen dramatischen Gegensätze und Auseinandersetzungen im Europa des 15. und 16. Jahrhunderts nur als eine in der Tragödie fiktiv ausgestaltete Episode anzusehen. Tatsächlich war Dänemark in beständige kriegerische Handlungen mit seinem Nachbarn *Schweden* verwickelt.

Akt 1

Szene 1

V. 113 — *palmenblühenden Stande:* Anspielung auf die Größe Roms und im Folgenden auf die des Julius Caesar

V. 118 — *das wässrige Gestirn*: damit ist der Mond gemeint. Die Mondfinsternis, die am 20. Januar 1598 stattfand, wurde verschiedentlich zur Datierung des Werkes herangezogen. In Shakespeares literarischem Kosmos spielt der Mond eine herausgehobene Rolle, ganz auffallend in *Romeo and Juliet* und in *A Midsummer Night's Dream.*

V. 162 — *trifft kein Planetenstrahl*: keine Gefahr durch einen ‚bösen Stern' (vgl. *Romeo and Juliet*, wo die beiden Liebenden als *„star-crossed"* bezeichnet werden)

V. 163 — *kein Kobold lähmt*: Kobolden und Elfen wurde alles Üble zugeschrieben; nach dem Denken der Menschen zu Shakespeares Zeit waren sie als wirkliche Wesen vorhanden (vgl. *A Midsummer Night's Dream*).

Szene 2

V. 30 f. — *weitres Vorgehn*: Fortinbras soll dazu bewegt werden, seine möglichen Eroberungspläne fallen zu lassen

V. 113 — *Wittenberg*: die Stadt hatte durch Luther Berühmtheit erlangt und war auch in England bekannt; ihre Universität stand in hohem Ansehen

V. 139 f. — *Satyr*: der ermordete König Hamlet wird mit Hyperion verglichen, dem Vater des Helios; Claudius hingegen mit Satyr, einem hässlichen Waldgeist

V. 153 *Wie ... Herkules*: Hamlet ist alles andere als ein ‚Herkules'; ironische Anspielung

Szene 3

V. 37 *dem Mond*: Andeutung der Unberührtheit und Keuschheit Ophelias

V. 77 *stumpft die Schneide sparsamer Haushaltung*: ruiniert die Wirtschaftsführung

Szene 4

V. 9 *schlingert im gröhlenden Stampftanz*: übermütiger Rundtanz; Anspielung auf die Weinseligkeit König Claudius, die von Hamlet verachtet wird

V. 36 *Gran*: alte, kleine Gewichtseinheit

V. 77 *Faden*: altes deutsches Längenmaß; in der Seemannssprache beheimatet. Tiefenangabe für Gewässer (1 Faden ca. 1, 80 m)

Szene 5

V. 32 *das träge Kraut*: etwas, das nichts bewirkt

V. 33 *Lethestrande*: Ufer des Flusses Lethe in der Unterwelt; Strom des Vergessens (griech. Mythologie)

V. 62 *Saft von der verfluchten Eibe*: Pflanzengift

V. 72 *lepragleich*: Anspielung auf den aussätzigen Lazarus

V. 136 *St. Patrick*: irischer Schutzpatron; Shakespeare spielt in seinen Bühnenstücken häufig mit Namen und Begriffen

V. 156 *Hic et ubique*: hier und überall (lat.)

Akt 2

Szene 1

V. 115 f. *Dies muss man kundtun*: Polonius verrät seine Tochter an den König aus Sorge, er könnte Nachteile haben, wenn er die Liebe Ophelias zu Hamlet verschweigt

Szene 2

V. 11 *mit ihm zusammen aufgezogen*: Rosenkranz und Güldenstern waren auch seit Kindheitstagen bewusst auserwählte Freunde Hamlets, die auch in Wittenberg mit ihm zusammen studierten

V. 62 *Aushebungen*: das Rekrutieren von kriegsfähigen Männern

V. 235 *eine Metze*: Gleichsetzung der stets unberechenbaren Glücksgöttin Fortuna mit einer käuflichen Frau (Hure)

V. 348 *gemeinen Schauspielern*: durchschnittlichen Schauspielern, die überall auftraten, wo ihnen eine Gelegenheit geboten wurde

Seneca (4 v. Chr. – 65 n. Chr.); Plautus (254 – 184 v. Chr.): hier will Polonius mit großem Theaterwissen beeindrucken, indem er nicht nur alle Bühnengenres aufführt, sondern auch die römischen Größen der Tragödienkunst (Seneca) und der Komödienkunst (Plautus) aufführt. (Vgl. Kap. 1.2)

V. 441 *Dido und Aeneas*: berühmtes Liebespaar aus der antiken Sagenwelt

V. 442 *Priamus*: Herrscher Trojas

V. 445 *Pyrrhus, wie das hyrkanische Untier*: Sohn des Achilles; heldenhaft im Kampf (griechische Sagenwelt)

V. 449 *im unheilschwangren Pferd*: gemeint ist das Trojanische Pferd, in dem sich nach einer List des Odysseus griechische Krieger verbargen

V. 458 *Karfunkel:* ein im Dunklen hell leuchtender Stein

V. 469 *das empfindungslose Ilium*: Troja

V. 484 *der Hammer der Zyklopen*: die in der griechischen Sage beheimateten einäugigen Schreckensgestalten, die als Schmiede für Hephästos (Vulkan) arbeiteten

V. 485 *Mars*: römischer Kriegsgott

V. 497 *Hekuba*: Gattin des Priamus

V. 531: *Die Ermordung des Gonzago*: wahrscheinlich ein von Shakespeare erfundener Titel

V. 599 f. *triftigere Gründe:* Hamlet ist sich zu diesem Zeitpunkt noch nicht endgültig sicher, dass Claudius schuldig ist. Eine zu rasche Schuldzuweisung wäre dem Prinzen nicht gemäß. Er will ebenso gerecht wie gründlich sein.

Akt 3

Szene 1

V. 24 *mit ganzem Herzen*: Jeder Versuch des Claudius, sich auch des misstrauischen Hamlet zu entledigen, würde bei Hof einen Aufstand hervorrufen, also sucht er Beschwichtigung und Frieden

V. 118 *fort mit dir in ein Nonnenhaus*: Das genaue Gegenteil von Claudius' Hof und Palast wäre ein Kloster, in dem alles Üble von Ophelia fern gehalten werden könnte.

Szene 2

V. 11	*Stehplatzvolk*: gemeint sind die Zuschauer auf den billigsten Plätzen, den Hamlet nicht viel Urteilskraft zutraut. Vgl. Kapitel 1.2
V. 130	*Gewand mit Zobeln*: Zobelbesatz meistens nur auf königlichen Kleidern, da das Fell des marderähnlichen Zobels sehr kostbar war (und ist)
V. 153 ff.	*Phoebus Wagen; der Tellus Erdenrund*: nach antiker Vorstellung fuhr die Sonne in einem Himmelwagen; Tellus war die Göttin der Erde
V. 234	*Die Mausefalle*: von Hamlet wohl bedacht gewählter Titel; Claudius ahnt zu diesem Zeitpunkt den Hintersinn in Hamlets Worten noch nicht
V. 273	*mit zwei provenzalischen Rosetten*: Verzierung auf den Schuhen der Schauspieler (Glücksbringer)
V. 272	*Damon*: guter Freund
V. 391	*ich will Dolche zu ihr reden*: Hamlet will verbal jede Zurückhaltung gegenüber seiner Mutter aufgeben
V. 389	*die Seele Neros*: römischer Kaiser (37–68 n. Chr.), der im Wahnsinn Rom in Brand setzte und Selbstmord beging.

Szene 3

V. 88 f.	*Weg, Schwert, du sollst einen grausigeren Griff erleben*: Aus Hamlets Worten spricht die ganze Verachtung für seinen Onkel, den er in diesem Augenblick nur deshalb verschont, weil der Geist des im Gebet Versunkenen dann gerettet würde, wohingegen König Hamlet ohne Erlösungsgebet sterben musste.

Szene 4

V. 173 ff. *Um diesen Herren hier*: In Hamlets Augen war Polonius ein viel zu unbedeutender Mensch, immerhin aber der Vater von Ophelia; ihm wollte Hamlet eigentlich nichts antun. Jetzt, da sich die Dinge anders entwickeln, ist er bereit, ohne jedes Zögern die Verantwortung für alles Kommende auf sich zu nehmen.

V. 200 *Ich muss nach England*: Hamlet äußert sich völlig emotionslos. Das deutet auf eine Vorinformation hin (offiziell wird erst in IV, 3 darüber informiert), die er von irgendjemandem bereits erhalten hat

Akt 4

Szene 1

V. 12 f. *So wär' es uns geschehn*: König Claudius erkennt sofort, dass er (und die Königin) eigentlich getroffen werden soll(t)en; von der Mahnung des Geistes an Hamlet, die Mutter zu verschonen, ahnt er nichts

Szene 2

V. 12 *Schwamm*: Hamlet spricht Klartext mit Rosenkranz und Güldenstern. Für ihn sind sie meinungs- und rückgratlose Vasallen des Königs, die nach Belieben ausgequetscht werden können.

Szene 3

V. 4 — *... er wird geliebt von der verworrenen Menge*: Claudius möchte Hamlet am liebsten gleich aus dem Weg räumen, doch er fürchtet die Konsequenzen (vgl. III, 1, V. 24)

V. 47 — *Das ist es, wenn du unsre Absichten nur kenntest*: Claudius' Worte sind deutlich genug für Hamlet (und die Zuschauer). Hamlet geht zum Schein auf das Vorhaben ein und stellt sich ahnungslos.

V. 56 — *Denn alles ist gesiegelt und getan*: eindeutiger Hinweis auf ein Geheimvorhaben (die Ermordung Prinz Hamlets), von dem die Überbinger jedoch nichts wissen

Szene 4

V. 32 ff — *Wie alle Vorfälle mich verklagen*: In diesem großen Monolog sammelt Hamlet sich noch einmal, um danach seine Zurückhaltung aufzugeben

Szene 5

V. 34 — *Sein Leichentuch:* Ophelias Liedzeile gilt ihrem Vater

V. 92 f. — *ein Streugeschütz*: Mörser, ein großkalibriges Steilfeuergeschütz; Claudius vergleicht bildlich seine Situation mit der eines Soldaten auf einem unter Mörserbeschuss liegenden Schlachtfeld. Gemeint ist, dass er durch den Tod des Polonius einer Vielzahl von wütenden Gegnern ausgesetzt ist, die von allen Seiten auf ihn eindringen

V. 108 *Oh, das heißt rückwärts jagen*: die ‚Jäger' befinden sich nach Getrudes Ansicht auf der falschen Fährte

V. 131 *Ich geh das Wagnis der Verdammnis ein*: Laertes ist entschlossen, koste es was es wolle, den (vermeintlichen) Mörder seines Vaters zu rächen. Er ist bereit, sich dabei gegen jedes Gesetz und gegen die bestehende Ordnung aufzulehnen

V. 155 *bis unsre Schale den Waagebalken neigt*: Laertes will nicht eher ruhen, als bis er sein Ziel erreicht hat

V. 173 ff. *Hier ist Rosmarin*: Ophelia verteilt ‚Blumen' mit sprechender Bedeutung: Vergissmeinnicht, Fenchel und Akelei (Unredlichkeit und Undank), Raute (Reue). Daraus geht hervor, dass sie die Verhältnisse klar durchschaut hat.

Szene 7

V. 30 *Macht Euren Schlaf darob nicht unruhig*: Eindeutiger Hinweis des Königs an Laertes, dass entscheidende Dinge bereits gegen Hamlet vorbereitet sind, von denen die Öffentlichkeit natürlich nichts erfahren darf

V. 76 *Ein bloßes Bändchen an der Jugend Mütze*: die Kopfbedeckung junger Edelleute zierte ein Band

V. 138 f. *Ich werde's tun, und zu diesem Zweck will ich mein Schwert einsalben*: indem er die Degenspitze in Gift taucht, verstößt Laertes eklatant gegen jedes Ehrgesetz; darüber hinaus weiß er, dass Hamlet den Polonius eher unbeabsichtigt getötet hat

Akt 5

Szene 1

V. 75	*Kinnbacken von Kain*: Anspielung auf den berühmten Brudermord Kains an Abel, der mit einem Kieferknochen eines Maultiers erschlagen worden sein soll
V. 102	*Hm! Dieser Bursche mag zu seiner Zeit ein großer Landaufkäufer gewesen sein*: Es war zu Shakespeares Zeiten üblich, dass sich Leute von niederem Stand, die mit Geschäften erfolgreich waren, durch Ankauf von Grundbesitz sozial aufwerteten und in den niederen Adelsstand erheben ließen (gentleman). Das hat auch Shakespeare selbst für sich und seine Familie getan. Vgl. Kap. 1. 1
V. 176	*der Schädel von Yorick*: Shakespeare erinnert hier wahrscheinlich an den Hofnarren Königin Elisabeth I., Richard Tarleton
V. 192	*Alexander*: gemeint ist Alexander der Große (356–323 v. Chr.)
V. 235	*ein dienender Engel wird meine Schwester sein*: Grobheit des Laertes; während der Pfarrer in der Hölle schmoren wird, wird Ophelia im Himmel sein. Laertes hebt damit die engelhafte Unschuld seiner Schwester hervor, gegen die selbst ein Gottesdiener auf Erden beschmutzt ist
V. 247	*Pelion*: Bergsitz von Riesen (griech. Mythologie)
V. 252	*Hamlet, der Däne*: Es mag sein, dass Hamlet sich hier selbstbewusst als König von Dänemark bezeichnet

Szene 2

V. 6	*Fußeisen*: mittelalterliches Folterinstrument
V. 53	*der Wechselbalg*: hier ist das von Hamlet gefälschte Dokument gemeint
V. 105	*voll von den vortrefflichsten Distinktionen*: Auszeichnungen und Ehrungen
V. 115	*nur sein Spiegelbild gleicht ihm*: ohne Anhang außer dem eigenen Schatten
V. 136	*Rapier und Kurzschwert*: gekämpft wurde zugleich mit dem Degen und dem dolchähnlichen Kurzschwert, das im Duell oft als tödliche Waffe eingesetzt wurde
V. 154 f.	*die französische Wette gegen die dänische*: gewettet wurde bei jeder Gelegenheit; Laertes' Wette (die französische, da er gerade aus Frankreich zurückgekehrt war) steht gegen die des Königs (dänische)
V. 234	*das natürliche Gefühl*: hier werden zwei Gefühls- und Bewusstseinslagen unterschieden, die des Sohnes Laertes, dem Genugtuung widerfahren ist, und die des Edelmannes Laertes, der eine seinem Stand und Ruf öffentliche Rehabilitierung fordert
V. 261 ff.	*Der König wird auf Hamlets bessern Atem trinken, und in den Becher wird er eine Einzelperle werfen, köstlicher als jene, die vier Könige nacheinander in der Krone Dänemarks getragen haben*: die ‚köstliche Einzelperle' ist selbstverständlich die Giftphiole
V. 328	*Ich bin mehr ein alter Römer*: Horatio will seinem Freund in den Tod folgen, ganz nach dem Brauch der Edlen im alten Rom
V. 344	*die Wahl fällt auf Fortinbras, er hat meine sterbende Stimme*: noch im Sterben bestimmt Hamlet, der sich als legitimer Thronerbe betrachtet, seinen

Nachfolger. Es ist bemerkenswert, wie sehr Shakespeare hier wie auch in seinen anderen großen Tragödien darauf bedacht ist, nach all dem Chaos einen ‚geordneten' Abschluss des Geschehens sicher zu stellen. (Vgl. auch Cassio in *Othello*, Albany in *King Lear* oder Malcolm in *Macbeth*)

V. 376 *Ich selbst umfange trauervoll mein Glück*: Fortinbras drückt seine Achtung und Ehrerbietung ebenso aus wie seine Gefühle echter Trauer

2.6 Stil und Sprache[56]

Auch wenn wir unsere Probleme mit Shakespeares Sprache haben, so müssen wir davon ausgehen, dass es sich um ein modernes Englisch handelt, modern im Gegensatz zur Sprache Geoffrey Chaucers etwa, von dem es ziemlich weit entfernt war.[57] Das gilt für das geschriebene und für das gesprochene Englisch der Shakespeare-Zeit, das kaum noch etwas mit dem früheren Mittelenglisch des 15. Jahrhunderts zu tun hatte. Freilich war beides nicht mit dem Standard des heutigen Englisch vergleichbar. Shakespeare beherrschte seine Sprache in einem ungewöhnlich breiten lexikalischen Umfang, ohne ‚akademisch' zu sein. Wenn er so gesprochen hat, wie er schrieb (wahrscheinlich tat er es), dann muss es für viele ein Vergnügen gewesen sein, ihm zuzuhören. Anderen mochte der Kamm geschwollen sein, weil er für sie zuweilen wie in Rätseln sprach.

Shakespeare, ein Revolutionär der Sprache; breite Angriffsfläche für Kritik

Die Sprache, die er schrieb, war ebenso erhaben wie platt, ebenso anspielungsreich wie konkret, ebenso poetisch wie prosaisch, ebenso filigran wie holzschnittartig. Er verwendete Wörter und Bilder aus allen Lebensbereichen.[58] Wo es nötig war und dem sprachlichen Ausdruck diente, bereicherte er den bestehenden Wortschatz um eigene Wortschöpfungen, von denen noch viele im heutigen Englisch selbstverständlich

---

56 Im referierenden Teil nach S. Barnet, *Shakespeare: An Overwiew*, in: *Romeo and Juliet*. New York, 1998 (Signet Classic), S. XXXVI–XLII.

57 Geoffrey Chaucer (1340–1400) hatte mit seinen berühmten *Canterbury Tales* (1387) einen ähnlich ‚modernisierenden' Einfluss auf die englische Sprache ausgeübt, ehe sie durch Shakespeare 200 Jahre später einen gewaltigen und weitreichenden Innovationsschub erhielt.

58 Francois Laroque macht dazu die interessante Anmerkung, dass Shakespeares Werk allein aus der Tierwelt an die 3000 Bezugsmomente enthält. Vgl. F. Laroque, S. 21.

59 U. a. werden *accomodation, amazement, dislocate, frugal, indistinguishable, laughable* oder *star-crossed* als Eigenschöpfungen Shakespeares genannt, die in die moderne englische Sprache eingedrungen sind. S. Barnet, S. XXI (siehe Anm. 41).

‚zu Hause' sind.[59] Frei ging er auch mit der Grammatik um, und häufig genug setzte er sich mit großer Selbstverständlichkeit über das Regelwerk der Sprache seiner Zeit hinweg. Er scherte sich wenig um die regelgeleitete Verwendung von Nomen, Adjektiven, Adverbien, Anredeformeln oder Satzkonstruktionen. Er liebte Wortverdrehungen und Wortspiele. Über vieles dürften sich schon die damaligen Sprachpuristen die Haare gerauft haben, und mancher der Vorbehalte, die vor 250 Jahren von Samuel Johnson gegen Shakespeares Stil und Sprache erhoben wurden, scheinen sehr krass, jedoch nicht ganz von der Hand zu weisen:

> *„Im Falle der Tragödie scheint seine Leistung durchweg in dem Maße schlechter zu sein, wie seine Anstrengungen zunehmen: Die Ergießungen der Leidenschaft, Folge der bedrängten Situation, sind größtenteils eindrucksvoll und spannungsgeladen; aber jedesmal, wenn er sein Erfindungsgabe einsetzt, ist das Ergebnis seiner Überanstrengung Schwulst, Niederträchtigkeit, Langeweile und Obskurität. Wenn er erzählt, bedient er sich einer übertrieben prunkvollen Ausdrucksweise und einer ermüdenden Folge von Umschreibungen; er schildert das Ereignis (...) wortreich und unvollkommen (...) Er besitzt eine gewisse Neigung, sich hin und wieder in eine komplizierte Gedankenwelt zu verstricken, die er zwar nicht gut darstellen, von der er aber auch nicht gut ablassen kann (...) Ein Wortspiel ist für ihn der goldene Apfel, für den er immer seine Bahn verlassen oder sich aus seiner Höhe herabbeugen wird. Ein Wortspiel, so dürftig und wertlos es auch sein mochte, bereitete ihm ein solches Vergnügen, dass er bereit war, um seinetwillen Vernunft, Schicklichkeit und Wahrheit zu opfern. Ein Wortspiel war für ihn die verhängnisvolle Cleopatra, für die er die Welt einbüßte und dies für durchaus angemessen hielt."*[60]

---

60 Vgl. Samuel Johnson, S. 45 ff. Der bedeutende Schriftsteller und Gelehrte Samuel Johnson (1709–1784) veröffentlichte im Jahr 1765 ein achtbändiges Werk mit dem Titel *The Plays of Shakespeare*. Der Zitatausschnitt ist dem Vorwort dieses Werkes entnommen.

Seinen ganz eigenen Beitrag zur Revolutionierung des Theaters (zur Erinnerung: der erdrückend größte Teil seines dichterischen Werkes sind Bühnenstücke) leistete Shakespeare dennoch dadurch, dass er seine Figuren, wenn auch nicht immer entsprechend den Sprachkonventionen, mit einer ‚lebensechten Sprache'ausstattete, die wirklicher war als die alltägliche Sprache bei Hof und die der übrigen gehobenen Kreise.
Was machte sie ‚lebensechter'?
Seit dem frühen Mittelalter war die Reimsprache kennzeichnend für das Theater. In Shakespeares Stücken ist sie auch allgegenwärtig, aber er verstand sie nicht als ein Ausdrucksmittel, um eine Tradition lediglich fortzusetzen, sondern als ein äußerst funktional einzusetzendes Ausdrucksmittel in spezifischen Verwendungssituationen.[61] In unseren Ohren klingt die Reimsprache eher gekünstelt und ‚veraltet', zu Shakespeares Zeiten war es genau umgekehrt. Man lebte mit ihrem Klang im Ohr. Shakespeares eigentliche ‚Erfindung' war der Blank-Vers, gewöhnlich ein ungereimter fünfhebiger Jambus, den er so gekonnt verwendete, dass er in seiner reifen Form der natürlichen Prosa gleichkam. Dass die Feinheiten seiner Sprache einem Teil des Publikums verborgen blieb, ist mehr als wahrscheinlich. Aber man verstand ihn, und die ‚Volksnähe' der Sprache Shakespeares war einer der Gründe für seine großen Bühnenerfolge.
Auf zwei weitere Wirkungsmerkmale von Shakespeares Bühnensprache ist hinzweisen: auf die ‚stummen Reden' (Gesten; Schweigen) als bedeutungstragende Akzente und auf die Bühnengarderobe.

Eine Erklärung für Shakespeares Bühnenerfolge: eine Sprache, die jeder verstand

61 Zu den Verwendungssituationen vgl. S. Barnet, S. XL–XLI.

Gesten sprechen bei Shakespeare für sich, und in allen Bühnenstücken wiederholen sie sich als stummer Ausdruck von Überraschung, Demut, Ergebenheit, Verweigerung, Resignation. Während die Gesten nicht auf bestimmte Personen/Rollen zugeschnitten sind, gehen bei Shakespeare von der Bühnenkostümen starke identifikatorische Effekte aus. Wie die Garderobe auf den Bühnen der damaligen Zeit ausgesehen hat, ist kaum mit Bestimmtheit zu sagen. S, Barnet äußert drei Vermutungen: „(1) Many of the costumes were splendid versions of contemporary Elizabethan dress; (2) some attempts were made to approximate the dress of certain occupations and of antic or exotic characters such as Romans, Turks, and Jews; (3) some costumes indicated that the wearer was supernatural."[62] Die Garderobe konnte aber auch den Berufs-Rang und die Bedeutung eines Schauspielers anzeigen, wie bei H. A. Frenzel nachzulesen ist:

> *„Zum Handwerk des Schauspielers gehörten musikalische sowie tänzerische bis akrobatische Fähigkeiten, die vor allem das ‚jig' genannte Nachspiel von drei bis vier Spielern, darunter dem Clown, verlangte, ferner fechten, und zu seiner Ausstattung kostbarer, reichhaltiger Kostümbesitz."*[63]

In der *Hamlet*-Tragödie haben wir es von der ersten bis zur letzten Szene durchweg mit einer sehr bewussten Sprache zu tun. Das ist in erster Linie der Tatsache zuzuschreiben, dass Prinz Hamlet über weite Phasen des Stückes ein mehr denkender und sprechender als ein handelnder Held ist, dessen sensible und differenzierte Daseinsbetrachtungen auf einer intellektuell herausgehobenen Ebene und einem ‚elaborierten' Sprachniveau stattfinden. Ihm ist der sprachliche Gesamt-

---

62 S. Barnet, S. XXXVI)
63 H. A. Frenzel, S. 116

duktus des Stückes unterworfen.[64] Deshalb sprechen alle übrigen Personen der Tragödie ebenfalls die Sprache des *Hamlet*, ohne dass gleichzeitig gesagt werden kann, dass sie nicht ihre sprachliche Individualität besäßen Claudius wie Gertrude, Polonius wie Osrick, Laertes wie Ophelia, Güldenstern/ Rosenkranz wie die Totengräber.[65]

Die Sprache im *Hamlet*: sinngeladen, reich an Wortspielen und witzig-hintergründigen Wortgefechten

Diesen allgemeinen Angaben möchte ich nunmehr einige konkrete Einzelhinweise zuordnen. Sie sind lediglich Beispiele aus einer Fülle gleicher oder ähnlicher Textstellen. Sodann möchte ich dieses Teilkapitel mit der Betrachtung von Hamlets bedeutungsschwerem Monolog aus der 4. Szene des IV. Aktes (32–66) abschließen.

—

Anspielungsreichtum:
insbesondere II, 2, 376 ff. (Hamlet - Polonius - Schauspieler)

Fülle der Lebensbereiche:
I, 1, 70–125; 143–175; I, 2, 129–159; I, 3, 10–44;

Wortspiele:
II, 2, 171 ff. (Hamlet - Polonius); II, 2, 223 ff. (Hamlet - Güldenstern/Rosenkranz); III, 2, 19 (Hamlet - Ophelia); III, 2, 246–247 (Hamlet - Ophelia); III, 2, 299–302 (Hamlet - Gülden-

64 Diese Auffälligkeit betonen Anne Thompson und Neil Taylor: „The play as a whole insists on the vital importance of speech to enlighten and elucidate the world from the first scene." A. Thompson/N. Taylor, S. 35.

65 Thompson/Taylor unterstreichen diesen Fakt, der keineswegs im Widerspruch zu der Aussage steht: „All the characters then speak the same language as Hamlet in so far as they all speak the language of *Hamlet*. This is a language densely packed with meaning, unusually rich in puns, quibbles an other forms of wordplay.", S. 37.

stern); IV, 3, 17 ff. (Hamlet – Claudius); V, 1, 121 ff. (Hamlet – Totengräber); V, 2, 81 ff. Hamlet – Osrick)

Selbstcharakteristik der Personen durch ihre Sprache:

I, 3, 10 ff.; V, 2, 234–242 (Laertes);

I, 3, 55 ff.; II, 2, 96–113; III, 2, 103 ff.; III, 3, 27–34; III, 4, 1–4 (Polonius)

I, 2, 1–48; II, 2, 1–18; III, 1, ff.; IV, 3, 58–66; IV , 5, 71–93; IV, 7, 94–104; V, 2, 257–269 (Claudius)

III, 1, 37–42; IV, 7, 30–35 (Gertrude)

I, 4, 90; II, 1, 82–83; III, 1, 93 ff. (Ophelia)

V, 2, 81 ff. (Osrick)

I, 1, 79–125; I, 5, 145; III, 2, 57 ff.; V, 2, 298 ff.; V, 2, 327–330; V, 2, 360 ff. (Horatio)

I, 5, 165–180; II, 2, 543–600; III, 1, 56–90; III, 2, 60–91; III, 3, 73 f.; III, 3, 383–394; III, 4, 52–87; III, 4, 157 ff.; IV, 32–66; V, 1, 97–111; V, 1, 253–257; V, 2, 63 ff.; V, 2, 83 ff; V, 2, 216–234; V, 2, 340–346 (Hamlet)

Bilderreichtum/Symbolsprache:
insbesondere IV, 5, 23 ff. (Ophelias Lieder); außerdem
Krieg und Gewalt: I, 2, 121–128; III, 1, 56–60; III, 2, 385; IV, 1, 42–45; IV, 7, 21–24; V, 2, 378–391;
Fäulnis und Verderben: I, 2, 135–137; I, 3, 39–42; III, 1, 156–160; III, 3, 36; II, 3, 95–96; III, 4, 65–66; III, 4, 89–90; III, 4, 147–152; IV, 3, 5–6; V, 2, 68–70
Intrige: I, 3, 115 ff.; II, 1, 62–66; II, 2, 599–600; III, 2, 337–339; IV, 5, 107–108; V, 2, 295–296

Der Monolog Hamlets in IV, 4, auf den ich hier noch einmal zurückkomme, wird als sein letztes Spielen mit den Worten um des schönen sprachlichen Spiels willen bezeichnet, „Hamlet's last flirtation with words."[66] In der Tat handelt es sich um einen ebenso kunst- wie gehaltvollen Monolog. Mit den zuvor erwähnten fünf Abschnitten ist er klar gegliedert (siehe **2.4**) und sprachlich äußerst konzentriert. Er zeigt Shakespeares Kunst, den Blankvers auf natürlich klingende Weise zu nutzen.

Hamlet kann sein Zaudern vor sich selbst nicht mehr rechtfertigen. Mit einem Ausrufesatz bekräftigt er seine mentale Bereitschaft zur Tat. Die Zielfrage des 2. Abschnittes „Was ist der Mensch ...?" (33) wird von ihm sogleich beantwortet mit einer Abgrenzung gegenüber dem Tier, das lediglich die primitiven Bedürfnisse des Fressens und Schlafens kenne. Es sei eine Sünde, wenn der Mensch seine gottgleichen Befähigungen nicht besser nutze („... ungenützt in uns vermodere ..." – 38). Hamlet kann sich sein Zögern nicht erklären, sieht er sich doch im Besitz von allem, was nötig ist, um seine Trägheit zu überwinden (Willen, Kraft und Mittel, gute Beispiele dazu). Das Schlüsselwort des 3. Abschnittes ist „Ehre" (56). Voller Bewunderung sieht er, dass Fortinbras' Männer dafür alles in Kauf nehmen (Schicksal, Gefahr, Tod), auch wenn der Anlass noch so gering ist („... bloß für eine Eierschale ...", 53) Im Vergleich damit habe er doch einen wesentlich substanzielleren Grund, den er sich im 4. Abschnitt noch einmal bewusst macht (... einen gemordeten Vater und eine befleckte Mutter ... – 57). Hamlet konkretisiert und steigert die Aussage aus dem vorhergehenden Abschnitt. Für ihre Ehre sei es allemal wert zu handeln angesichts des drohenden Todes von zwanzigtausend Männern, „die für eine Laune und eine Spielerei von Ruhm zu ihren Gräbern gehen wie zu Bett" (60–62). Im

66 C. L. Stockton, S. 75

5. Abschnitt seines Monologs übersetzt Hamlet den Aufruf des 1. Abschnitts in einen konkreten Handlungsauftrag an sich selbst („… Oh, ab jetzt, Gedanken …" – 65).

Makrostruktur des Monologs (IV, 4, 32–66):

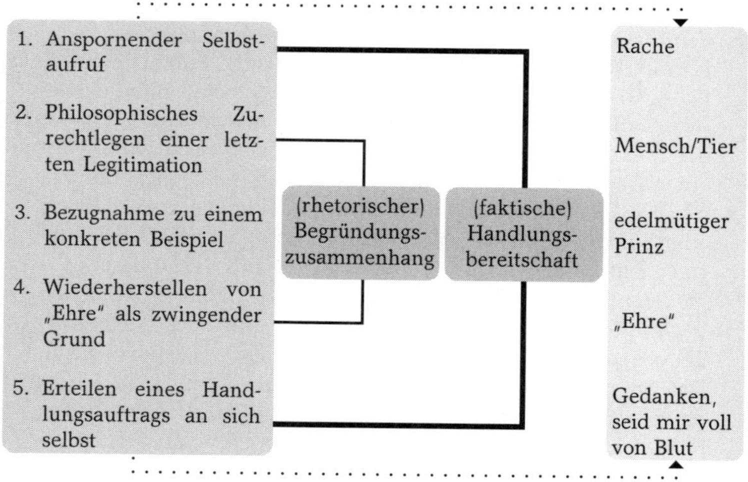

Zur Fülle des Besonderen in der Sprache des *Hamlet* vgl. auch Kapitel 2.5.

2.7 Interpretationsansätze

Jede Epoche suchte ihre Auseinandersetzung mit der Figur des Hamlet und bestimmte ihre Auffassungen von der Tragödie neu. Manches wiederholte sich in zeitgemäßer Modulation. Von den unterschiedlichen Auslegungen und ‚Deutungsfestschreibungen' können nur einige wenige Beispiele zitiert werden, die wenigstens einen ausschnitthaften Eindruck von ihrer Breite vermitteln sollen. Sie werden im Kapitel „Zur *Hamlet*-Rezeption" noch einmal aufgegriffen. Die getroffene Auswahl ist durchaus subjektiv. Sie verdeutlicht jedoch interessante und ausgeprägt individuelle Sichtweisen zu einem der ungewöhnlichsten Werke der Weltliteratur.

1) Als „Gedankentrauerspiel" interpretierte August Wilhelm Schlegel den *Hamlet* und setzte auf die stimmungsmäßige Rückwirkung eines entsprechenden Verständnisses, das dem seiner Zeit entprach.

> *‚Hamlet' ist einzig in seiner Art: ein Gedankentrauerspiel, durch anhaltendes und nie befriedigtes Nachsinnen über die menschlichen Schicksale, über die düstere Verworrenheit der Weltbegebenheiten eingegeben und bestimmt, eben dieses Nachsinnen wieder in den Zuschauern hervorzurufen.*[67]

2) für Otto Ludwig ist das entscheidende Merkmal dieser Tragödie der Kampf „in der Seele des Helden".

> *Auch im Hamlet ist der Hauptschauplatz in der Seele des Helden. Daher die dramatischen Monologe. In den Helden ist der eigentliche dramatische Kampf. Sie sind die Mittelpunkte der Stücke (...) Die Entwicklung eines interessanten Charakters ist*

67 August Wilhelm Schlegel, *Kritische Schriften und Briefe*, zitiert in: Hans H. Rudnick, S. 175

nur in Monologen möglich. Darum tut man wohl, nur eine Gestalt, den Helden zum Träger einer größeren Entwicklungsreihe, oder eines psychologischen Prozesses zu machen, namentlich nicht zwei Entwicklungsreihen unmittelbar nebeneinander abzuspinnen oder gar nocht mehr.[68]

3) Aus der Sicht des Mediziners und Psychologen Siegmund Freud ist der *Hamlet* als ein Drama zu lesen, in dem sich die Seele des Verfassers offenbart.

Hamlet kann alles, nur nicht die Rache an dem Mann vollziehen, der seinen Vater beseitigt und bei seiner Mutter dessen Stelle eingenommen hat, an dem Mann, der ihm die Realisierung seiner verdrängten Kinderwünsche zeigt. Der Abscheu, der ihn zur Rache drängen sollte, ersetzt sich so bei ihm durch Selbstvorwürfe, durch Gewissensskrupel, die ihm vorhalten, dass er, wörtlich verstanden, selbst nicht besser sei als der von ihm zu strafende Sünder. Ich habe ins Bewusste übersetzt, was in der Seele des Helden unbewusst bleiben muss (...) Es kann natürlich nur das eigene Seelenleben des Dichters gewesen sein, das uns im Hamlet entgegen tritt; ich entnehme dem Werk von Georg Brandes (1896) die Notiz, dass das Drama unmittelbar nach dem Tode von Shakespeares Vater (1601), also in der frischen Trauer um ihn, in der Wiederbelebung, dürfen wir annehmen, der auf den Vater bezüglichen Kindheitsempfindungen gedichtet worden ist. Bekannt ist auch, dass Shakespeares früh verstorbener Sohn den Namen Hamnet (identisch mit Hamlet) trug. Wie ‚Hamlet' das Verhältnis des Sohnes zu den Eltern behandelt, so ruht der in der Zeit nahestehende ‚Macbeth' auf dem Thema der Kinderlosigkeit. Wie übrigens jedes neurotische Symptom, wie selbst der Traum der Überdeutung fähig ist, ja dieselbe zu seinem vollen Verständnis for-

68 Otto Ludwig, *Shakespeare-Studien*, zitiert in: Hans H. Rudnick, S. 214 f.

dert, so wird auch jede echte dichterische Schöpfung aus mehr als aus einem Motiv und einer Anregung in der Seele des Dichters hervorgegangen sein und mehr als eine Deutung zulassen. Ich habe hier nur die Deutung der tiefsten Schicht von Regungen in der Seele des schaffenden Dichters versucht.[69]

4) Jan Kott, einer der eigenwilligsten Shakespeare-Interpreten, sieht in der Tragödie zuerst und nichts anderes als ein Bühnenstück, das von Schauspielern als immer wieder neue Herausforderung zum Leben gebracht werden muss, und dabei breiteste Auslegungen ermöglicht.

‚Hamlet' ist wie ein Schwamm. Wenn man ihn nicht stilisiert oder antiquiert spielt, saugt er sogleich die ganze Gegenwart in sich auf. Er ist das eigenartigste aller Stücke, die je geschrieben wurden, eben wegen seiner Porosität, wegen seiner offenen Stellen (…) Man kann den Inhalt ‚Hamlets' auf die verschiedenste Weise schildern: als Geschichtschronik, als Kriminalroman, als philosophisches Drama. Das werden gewiss drei grundverschiedene Stücke sein, obschon alle drei von Shakespeare stammen (…) Die klassische Hamletologie des 19. Jahrhunderts beschäftigte sich ausschließlich damit, wer Hamlet in Wirklichkeit sei (…) Das gemeinsame Merkmal aller modernen Studien über ‚Hamlet' ist die theatralische Sicht. ‚Hamlet' ist weder ein philosophischer noch ein moralischer noch ein psychologischer Traktat. ‚Hamlet' ist Theater. Das bedeutet, er ist ein Szenarium mit Rollen.[70]

69 Siegmund Freud, *Studienausgabe*, zitiert in: Hans H. Rudnick, S. 219
70 Jan Kott, *Shakespeare heute*, zitiert nach: Hans H. Rudnick, S. 244 f.

5) Der Anglist Uwe Baumann betont den häufig vernachlässigten politischen Aspekt der Tragödie, durch dessen Aufarbeitung der Charakter Hamlets schärfer hervortreten könne.

Obwohl schon 1965 (...) allein die Bibliografie aller Abhandlungen und Studien zu Hamlet dicker als das Warschauer Telefonbuch war, scheinen die zentralen Fragen sich gegen eindeutige oder zumindest konsensfähige Antworten zu sperren (...) Ich konzentriere die Analyse auf nur einen einzigen Aspekt, die in der bisherigen Forschung gern übersehene politische Dimension der Tragödie. Die angemessene Berücksichtigung der politischen Dimension liefert natürlich nicht den Schlüssel zur Lösung des Rätsels Hamlet, sie ergänzt jedoch die bisherigen Antwortversuche um die historisch-politische Perspektive und ermöglicht so eine Annäherung, die vor allem hilft, das Zögern und damit den Charakter des Titelhelden besser zu verstehen.[71]

6) Der Anglist Dieter Mehl rückt in seiner Interpretation der Tragödie nicht so sehr den Rachegedanken, sondern Hamlets Auseinandersetzung mit einem kranken Umfeld in den Vordergrund.

Hamlets Zweifel an der Vergesslichkeit der Welt werden durch die Realität, in der er sich zurechtzufinden hat, auf vielerlei Weise bestätigt, nicht allein durch die Unaufrichtigkeit fast aller Menschen, denen er begegnet, sondern auch durch eine allgegenwärtige Atmosphäre der Unsicherheit, des Misstrauens und eines sich schleichend ausbreitenden Übels, die von so vielen Kritikern bemerkt worden ist. Davon ist nicht nur die Handlung betroffen, sondern ebenso die Sprache der einzelnen Charaktere und das, was man die Thematik des Dramas nennen

71 Uwe Baumann, *Shakespeare und seine Zeit*, S. 87 f.

könnte (...) Auch wenn wir das Drama als Ganzes betrachten, enthält es keine sichere Auskunft darüber, ob die Verpflichtung zur Tötung des Königs als göttlicher Auftrag oder als teuflische Eingebung zu verstehen ist. Es ist dem Drama offensichtlich viel mehr um die Darstellung von Hamlets Konfrontation mit einer vergifteten Welt zu tun als um die ethischen Aspekte der Rache.[72]

7) Muriel Bradbrook bezieht sich in ihrer Interpretation auf die beiden französischen Philosophen Camus und Sartre sowie auf zwei moderne Auslegungen der Tragödie (Prof. D. G. James und H. Levin). Sie bringt überzeugend zum Ausdruck, wie nahe das Werk dem ist, was Sartre mit den Worten „Man is not to be defined as a reasoning animal or as a social one, but as a free being, entirely indeterminate, who must choose his own being when confronted with certain necessities ..." und Camus mit „There is no fate that cannot be surmounted by scorn" formulierten.[73]

Hamlet is an existentialist tragedy, a play at once of a great uncertainty, and yet one which affirms the responsibility of man. When I say that Hamlet is an existentialist tragedy, I mean of course in a sense in which Jean-Paul Sartre and Albert Camus define it (...) Hamlet is one who questions, tests and probes, and intellectual whose first impulse is to jot down his thoughts. Hamlet's thought is primarily in the interrogative mood (...)But Hamlet himself does not win by deep plots. He leaves those to his enemy, except insignificantly in putting on his antic disposition, and in the trap of the play scene; but

72 Dieter Mehl, *Die Allmacht des Bösen in der Vorstellung der Welt*, zitiert nach Reiner Poppe, Hamlet: Erläuterungen und Materialien, S. 65 ff.

73 Die beiden Zitate sind dem Beitrag M. Bradbrooks entnommen. Sie stammen aus Sartres *forger des mythes* (1946) und Camus' *Le Mythe de Sisyphe* (1943).

otherwise his resolutions serve him well, while the deep plot fails. The significant pattern that emerges is not of his devising. For he does not usurp the role of omnipotence, nor take upon himself the mystery of things as if he was God's spy (...)At the end Hamlet appears calm, resolute and prepared to meet death (...) And so he is content to rest in the absence of knowledge, content to accept the uncertainty of his too-likely end.[74]

74 Muriel Bradbrook on Shakespeare, *An interpretation of Hamlet*, S. 110–117)

3. Themen und Aufgaben

In Schulen ist der *Hamlet* nicht das am meisten favorisierte Stück Shakespeares. Freilich zählt es zu den nicht in Frage gestellten herausragenden ‚Bildungsinhalten' des Literaturunterrichts der Klassen 11–13, an dem niemand vorbeikommt. Mit welcher Ausführlichkeit die Tragödie im Unterricht behandelt wird, hängt weitgehend von den Vorlieben der Unterrichtenden, eher aber noch von den Voraussetzungen der Lern- und Leistungsgruppen ab. Um *The Merchant of Venice, Julius Caesar, King Lear* oder *Macbeth* geht es im Unterricht jedenfalls öfter. Der *Hamlet* wird dabei meistens nur gestreift. Es ist deshalb verhältnismäßig schwierig, zum *Hamlet* Themen und Aufgaben zu formulieren, die durch Erprobung und Erfahrung abgesichert sind, auch wenn sich genügend Klausurthemen anzubieten scheinen.[75] Schwieriger wird es, wenn sie im Bereich ‚kreativer Aufgabenstellungen' gesucht werden sollen, die gegenwärtig zum Produktionsrepertoire aller Schulformen gehören.[76] Da fehlt es an breiter Erprobung und Erfahrung.

Die Themen- und Aufgabenfelder, die in diesem Kapitel angeboten werden, gliedere ich in zwei Abschnitte. Im der ersten Gruppe (**A**) werden die in Abwandlung stets wiederkehrenden ‚traditionellen' Themen und Aufgaben berücksichtigt. In der zweiten Gruppe (**B**) sind Themen und Aufgaben formuliert,

75 Zu denken ist an Themen und Aufgaben zu den Charakteren, der Bildersprache, zu Hamlets Verhalten in einzelnen Situationen, zur Bedeutung der in der Tragödie reflektierten Fragen über Selbstmord, Liebe und Ehe etc. für unsere Zeit. Vgl. M. Feingold, S. 119–120. Die dort vorgeschlagenen „Term Paper Ideas" im Sinne ‚traditioneller Aufgabenstellungen" lassen genügend Spielraum für Erweiterung und Veränderung.

76 Ausgewählte Literaturhinweise an dieser Stelle:
G. Haas, *Handlungs- und produktionsorientierter Literaturunterricht*, Seelze-Velber, 1997.
I. Meckling, *Kreativitätsübungen im Literaturunterricht der Oberstufe*, München, 1972.
G. Waldmann, *Produktiver Umgang mit Literatur im Unterricht*, Baltmannsweiler, [4]1997.
G. Waldmann, *Produktiver Umgang mit dem Drama. Eine systematische Einführung in das produktive Verstehen traditioneller und moderner Dramenformen und das Schreiben in ihnen. für Schule (Sekundarstufe I und II) und Hochschule*. Baltmannseiler 1996.

die am *Hamlet* selbst nicht erprobt wurden. Dennoch halte ich sie für motivierend und umsetzbar unter der Voraussetzung, dass die Lerngruppe mit vergleichbaren Aufgaben im Anschluss an die Lektüre anderer komplexer Lesestoffe bereits konfrontiert worden ist. Unterrichtende mögen sich ermutigt sehen, das kreative Potential ihrer Gruppe einmal herauszufordern, selbst wenn es auf den ersten Blick so aussieht, als verböte dieser schwierige und ‚ernste' Lesestoff jegliche ‚unverbindliche Spielerei' mit ihm (einer der häufigsten Einwände gegen ‚kreative Aufgabenstellungen' im Literaturunterricht, zumal mit anspruchsvollen Texten). Ich lasse die Vorschläge in beiden Gruppen unkommentiert; sie sprechen für sich.

A

Die Lösungstipps beziehen sich auf die Kapitel und Seiten der vorliegenden Erläuterung.

Zu den Charakteren:

a) Vergleichen Sie die Personen aus einer der folgenden Gruppen: Hamlet und Ophelia; Gertrude und Hamlet; Ophelia und Gertrude; Hamlet und Horatio; Laertes und Hamlet; Rosenkranz/Güldenstern und Polonius; Hamlet und Fortinbras; Hamlet und Claudius	Lösungstipps: Vgl. Kap. 2.4, S. 44 ff. und S. 50 ff.
b) Welche zentrale Funktion hat die Schauspielergruppe in der Tragödie?	Vgl. Kap. 2.2; S. 31 Kap. 2.3; 2.4
c) Welche Funktion hat der Geist?	S. 102 ff.

d) Entscheiden Sie sich für eine der Kernszenen, in denen Hamlet mit sich allein ist und äußern Sie sich zu seiner Situation:
- Hamlets Verhalten nach dem Tod des Polonius
- Hamlets Auftreten gegenüber seiner Mutter
- Hamlets Haltung gegenüber Ophelia

Vgl. Kap. 2.4, S. 32; S. 58

e) Stellen Sie Textstellen zusammen, in denen er ‚ironisch', ‚kaltschnäuzig', ‚philosophisch', ‚angeekelt und enttäuscht' in Erscheinung tritt

Vgl. Kap. 2.4, S. 56 ff.

Zum dramatischen Konflikt der Tragödie:

a) Identifizieren Sie die vier Intrigen und stellen Sie dar, wie diese kausal aufeinander bezogen sind.

Vgl. Kap. 2.2, S. 30; 33; 35

b) Erläutern Sie Funktion und Bedeutung der Grabszene (V, 1) im Zusammenhang mit Hamlets Aussage: „Bereitsein ist alles."

Vgl. Kap. 2.4, S. 35; 58; 61

c) Machen Sie deutlich, in welchem Umfang *Hamlet* eine Rachetragödie ist. Beachten Sie dabei, dass nicht nur Hamlet Rachepläne entwickelt und ausführt.

Vgl. Kap. 2.3, S. 38 ff.

Zur Bildsprache der Tragödie:

a) *Krankheit* und *Fäulnis* sind wiederkehrende sprachliche Bilder. Suchen Sie entsprechende Textstellen und erläutern Sie die Bilder
- als von Hamlet vorgefundene Zustände in Dänemark

und
- als Projektion seiner subjektiven Befindlichkeit

Vgl. Kap. 2.6, S. 86

Zur thematischen Aktualität:

a) Legen Sie dar, unter welchen Gesichtspunkten die Tragödie auch einen Generationskonflikt thematisiert. Beachten Sie dabei, dass nicht Hamlet allein der jüngeren Generation angehört.

Vgl. Kap. 2.7; Kap. 5, S. 113; 116

—

B

zu bearbeitendes Thema/ Arbeitsauftrag	*Arbeits- und Sozialformen*	*Produktive Verfahren*[77]
Gestalten Sie ein **Leseheft** zu der *Hamlet*-Tragödie mit Bühnenbildern, fiktiven Äußerungen des Autors zum Werk, mit Bildern selbstentworfener Kostüme; mit fiktiven Rezensionen etc.	(konkurrierende) Gruppenarbeit; fächerübergreifend	*Produktive Darstellung des Gesamtverständnisses der Tragödie*
Schreiben Sie einen **Bericht**, den Hamlets Freund **Horatio** einige Zeit nach den Ereignissen an Fortinbras schickt. Darin teilt Horatio seine eigenen Beobachtungen mit und seine Ängste um Hamlet.	Einzelarbeit; Partnerarbeit	*Produktive Darstellung des Gesamtverständnisses der Tragödie*
Schreiben Sie Hamlets **Monolog IV, 4** in **Jugendsprache** um.	Partnerarbeit	*Veränderung der Sprachform*
Kehren Sie denselben Monolog um. **Entwerten Sie Hamlets Motive** und lassen Sie ihn gewalttätig und primitiv auftreten.	Einzelarbeit	*Veränderung von Figuren: (Sympathiefigur in ihr Gegenteil)*

77 Bezeichnung der produktiven Verfahren nach Günter Waldmann: *Produktiver Umgang mit Literatur*, S. 62–85. Siehe auch die Reihe BLICKPUNKT (Beyer Verlag, Hollfeld), in der zu ganz unterschiedlichen Texten eine Vielzahl an Vorschlägen zu finden ist.

Stellen Sie König **Claudius** als eine **positive Figur** dar. Schildern Sie in einem kurzen Portrait seine **Vorzüge als Staatsmann und Privatmann**. Gehen Sie davon aus, dass er König Hamlet nicht vergiftet hat und dass er demzufolge unter falschem Verdacht steht.	Gruppenarbeit; Partnerarbeit; Einzelarbeit	*Veränderung von Figuren: (Feindbild in eine Sympathiefigur)*
Gestalten Sie ein **werbendes Plakat** für *Hamlet*	Partnerarbeit; Gruppenarbeit	*Visuelle Konkretisierung von Texten*
Schildern Sie **Hamlets Leben vor seiner Rückkehr nach Helsingör**. Etikettieren Sie seinen Lebenswandel als nächlassig und in Ansätzen konspirativ.	Partnerarbeit; Gruppenarbeit	*Konkretisierung der Figuren der Tragödie (hier: fiktiv und in der Absicht einer negativen Kennzeichnung des positiven Helden)*
Lassen Sie **Osrick** in der **Ich-Form** von seinen wichtigen Aufgaben bei Hof erzählen. Überzeichnen Sie dabei seine aufgeblasene Dümmlichkeit.	Einzelarbeit	*Konkretisierung der Figuren der Tragödie (hier: Überzeichnung einer Negativfigur)*

Erfinden Sie **eine Szene zwischen I, 3 und I, 4**, in der Sie den in Paris weilenden **Laertes Pläne** zur Erneuerung seiner Freundschaft mit Hamlet schmieden lassen.	Partnerarbeit	*(fiktive) Konkretisierung der Dramenhandlung*
Schreiben Sie **Claudius' stilles Gebet** als einen hörbaren Monolog (III, 3)	Einzelarbeit	*(fiktive) Konkretisierung der Figuren*
Kürzen Sie die Szene II, 2 etwa um die Hälfte ab; verdichten Sie sie auf den zentralen Punkt (Hamlet gewinnt die Schauspieler für sich).	Partnerarbeit; Gruppenarbeit	*Veränderung der Handlung in der Tragödie mit dem Ziel ihrer Reduktion auf zentrale Momente*
Geben Sie den Inhalt einer **Szene**/eines längeren **Szenenausschnittes in indirekter Rede** wieder.	Einzelarbeit	*Veränderung der Sprachform*
Schreiben Sie die **Szene I, 1** als spannende **Erzählung**	Einzelarbeit	*Veränderung der literarischen Form*

Mit dem „Geist König Hamlets" beschäftigt sich der folgende Text als ein Interpretationsbeispiel zu einer häufig gestellten Frage:

„Welche Funktion hat der Geist in Shakespeares ‚Hamlet'?
Ein scheinbarer Widerspruch liegt im Stück: Auf der einen Seite hat Shakespeare dem Gespenst in den beiden Terrassenszenen einen objektiven Charakter gegeben; auch er legt Hamlet in den beiden Monologen des II. und III. Akts Äußerungen in den Mund (scheinbare Selbstanklagen, die in Wirklichkeit nur Klagen sind), als müsse Hamlet das Wort des Geistes für bare Münze nehmen; auf der anderen Seite finden sich im Stück Stellen, in denen Hamlet Zweifel darüber äußert, ob er dem Wort des Geistes trauen dürfe (I. und II. Akt). Damit kommen die Schüler fast automatisch dazu festzustellen, dass Shakespeare auf der einen Seite durch die Offenbarung des Geistes die Mordtat als eine gleichsam erwiesene hinstellt, auf der anderen aber die Gültigkeit dieser Kundmachung durch nachträgliche Zweifel Hamlets wieder aufhebt.
Der Widerspruch löst sich, wenn wir uns vor Augen halten, dass Shakespeare für ein Publikum schrieb, das mit einem Fuß noch im Mittelalter, mit dem anderen aber schon in der Neuzeit stand, das also im gemeinen Leben selbst sowohl noch an Geister glaubte, als auch nicht mehr glaubte; und für solche Menschen war es keine Frage, dass ein quasi Zeitgenosse, den Shakespeare ihnen im Dänenprinzen auf die Bühne gestellt hatte (das Stück spielt nicht im 12. Jahrhundert, sondern zu Shakespeares Zeit), sich nicht wie ein simpler Spökenkieker verhalten, dass er es vielmehr für nötig halten werde, an der Realität zu prüfen, was am Wort des Geistes wahr ist, bevor er handelt. Dies ist kennzeichnend für Hamlets Wesen und lässt uns ihn als einen aufgeklärten, bereits herwärts gewandten

Menschen erscheinen, der sich nicht mit subjektiven Überzeugungen zufrieden gibt, wenn Wesentliches auf dem Spiele steht, für den die Vernunft, auf die er sich gleich seiner Zeit gründet, bereits Kriterien ihrer Selbstprüfung besitzt, dem also „kein scheint gilt", der den Dingen auf den Grund geht. Insofern gleicht er Faust, und er war dem Zeitgenossen Shakespeares, der auch gerade anfing, im Gebrauch der Vernunft die ersten freien Schritte zu tun, gewiss verständlich."[78]

78 A. Matthiae, *Die Funktion* des *Geistes in Shakespeares Hamlet*, zitiert nach Reiner Poppe in unserer älteren *Hamlet*-Ausgabe, ^{4}1997, S. 67 f.

4. Rezeptionsgeschichte

Die Tragödie, wie könnte es anders sein, hat eine bewegte 400-jährige Rezeptions- und Wirkungsgeschichte hinter sich, die so vielfältig und umfangreich ist, dass es sich eigentlich verbietet, sie in einem kleinen Kapitel ‚abhandeln' zu wollen. Dennoch erscheint es vertretbar, hier im Begegnungskontext mit dem *Hamlet* einige Spuren anzudeuten, sofern diese Minimalinformation so verstanden wird, wie sie gemeint ist: als möglicher Anstoß zum eigenständigen Verfolgen wenigsten des einen oder anderen Hinweises.

Will man den Statistiken glauben, dann sind Dutzende von Musikkompositionen, mehr als 20 Ballette und sechs Opern zum *Hamlet* entstanden, in jüngerer Zeit Dutzende von Verfilmungen und für das Fernsehen eingerichtete Bühnenfassungen, von den zahllosen literarischen Texten und und anderen künstlerischen ‚Abfallprodukten' gar nicht zu reden. Die Flut wissenschaftlicher Begleitliteratur wurde an anderer Stelle bereits erwähnt, und zwischen dem 17. und 20. Jahrhundert fehlt keine Stimme von den bedeutendsten Gelehrten und Schriftstellern, Theaterkritikern und Künstlern vom Fach, die sich nicht zum *Hamlet* geäußert hätten.

Kurioses trug sich in Deutschland zu: Ohne das 18. Jahrhundert, in dem die Shakespeare-Rezeption fortwährende Höhepunkt erlebte, wäre es in Deutschland wahrscheinlich zu einem ganz anderen Verlauf der Auseinandersetzung mit dem großen englischen Dramatiker gekommen.[79] Andererseits resultierte daraus und aus der sich anschließenden deutschen romantischen Bewegung, nicht zuletzt durch August Wilhelm Schlegels Übersetzungen[80], eine ungeheuer positive Rückwir-

79 Vgl. das Kapitel „Shakespeare und der deutsche Geist" bei Alan Posener, S. 116–125.

80 August Wilhelm Schlegels (1765–1845) Shakespeare-Übersetzungen gelten noch heute als authentische Grundlage für jüngere Nachübersetzungen.

kung auf die Rezeption Shakespeares in England selbst, der dort erst im frühen 19. Jahrhundert zu voller Blüte gelangte. In der Zeit der Klassik wurde aber auch ein bis weit in unser Jahrhundert hineinreichendes Missverständnis geboren, nämlich das von einer Wesensübereinstimmung der Deutschen und des Engländers, Shakespeare als „regelloses Naturgenie, Schöpfer eines Theaters der großen Gefühle." So wurde der *Hamlet* nachgerade „zum eigentlichen Mythos des 19. Jahrhunderts"[81]. Das späte 20. Jahrhundert suchte und fand zu einem neuen Shakespeare-Bild, in dem auch der *Hamlet* weniger schwülstig verstanden wurde.[82]

Ganz selbstverständlich ist der *Hamlet* auf der Bühne, also die Bühnengeschichte der Tragödie selbst, weltweit stets einer der herausragenden Betrachtungsschwerpunkte gewesen, mit ihm natürlich auch einzelne Hamlet-Darsteller und Regisseure, die ‚Theatergeschichte' geschrieben haben. Dem soll hier in einigen Stationen nachgegangen werden.

Zu den erstaunlichsten Tatsachen in der Aufführungsgeschichte dieser an Ungewöhnlichem so reichen Tragödie zählt, dass sie sich über 100 Jahre in einer verstümmelten Form auf den Bühnen Englands hielt. Länger als 40 Jahre spielte Thomas Betterton (1635–1710) mit großem Erfolg die Titelrolle. Er wurde in dieser Rolle erst durch den genialen und eigenwilligen David Garrick (1717–1779) übertroffen, der das Dramen-Ende kühn in eine stark von der Vorlage abweichende Form brachte, aber auch in erheblichem Maße dazu beitrug, den kompletten *Hamlet* auf die Bühne zu bringen. Garrick verkörperte einen dynamischen Hamlet, und seine Interpretation gab für viele Jahre die Richtung für jeden Schauspieler vor, der sich dieser Rolle verschrieb. Mit John

81 A. Posener, S. 121

82 Abschließend befindet A. Posener: „Deutschland ist nicht mehr Hamlet. Über die Rolle Shakespeares im deutschen Geistesleben gilt es neu nachzudenken." A. Posener, S. 125.

Philip Kemble (1757–1823) und Edmund Kean (1787–1833) werden zwei weitere legendäre Hamlet-Darsteller genannt, die in ihrer Auffassung der Rolle weit auseinander gingen. Auch körperlich unterschieden sie sich beträchtlich voneinander. Bemerkenswert lange wurde über den Phänotypus Hamlet gestritten. Auf den Bühnen wurde (und wird) er oft als schlanker, gut gewachsener junger Mann gespielt. Schon an seinem Äußeren soll das ‚blaue Blut' zu erkennen sein. Ob das dem Hamlet entspricht, den Shakespeare vor Augen hatte, ist fraglich. Gertrude befindet, als sie ihren Sohn im Duell mit Laertes beoabachtet, über sein Aussehen wenig schmeichelhaft: „He's fat, and scant of breath." (V, 2, 277). Die neue Reclam-Übersetzung vermeidet das Wort „fett"; Schlegel hingegen hatte es wörtlich übertragen. Philip Kemble, wie bereits der erste Hamlet-Darsteller Richard Burbage (1567–1619), soll ein Schwergewicht gewesen sein.[83] Der Name Henry Irving (1838–1905) stand für hohe künstlerische Gesamtqualität von Hamlet-Aufführungen. Er war berühmt für seine aufwändige Bühnengestaltung, wie die Epoche sie liebte. Ihr mussten große Teile des Textes geopfert werden.[84] Natürlich fehlte es nicht an Ansätzen, die Tragödie in der Rückbesinnung auf die Traditionen (Kostüme etc.) zu spielen, in denen sie entstanden war. Dadurch wurden zeitentsprechende Inszenierungen des *Hamlet* nur kurzfristig unterbrochen. Aber erst ab 1920 wurde es selbstverständlich, das Stück auch in moderner Ausstattung auf die Bühne zu bringen. Als die herausragende Hamlet-Autorität des englischen Theaters im 20. Jahrhundert gilt John Gielgud, der sich als großer Darsteller und Regisseur einen Namen gemacht hat. Er wird als „the quintessential Hamlet of

83 Vgl. N. Epstein, S. 350.

84 „Thus, reviewers comment admiringly on a scene in which the Ghost stands among huge rocks in moonlight, as dawn steels across a great expanse of water." S. Barnet, S. 281.

the century"[85] gefeiert, der sich über drei Jahrzehnte immer wieder mit der Tragödie künstlerisch befasste.[86] Damit treten wir schon in die Zeit des ‚movie theatre' ein, in der eine große Zahl außergewöhnlicher Bühnen-Schauspieler als Hamlet-Darsteller durch das neue Medium sowohl ihre eigene Popularität als auch die des Stückes selbst vergrößerten (John Barrymore, Richard Burton, Laurence Olivier, Alec Guiness, Richard Chamberlain, Peter O' Toole, Mel Gibson – die Liste ist bei weitem nicht vollständig).

Auch in diesem zweiten sehr weiten Feld, dem der Übertragung von Shakespeares Werk in das Medium Film und Fernsehen, können hier nur einige Momente gestreift werden, die den *Hamlet* betreffen. Zwei Fragen sollen gestellt und knapp beantwortet werden: Mit welchem Erfolg und welchen Besonderheiten konnte die Tragödie verfilmt werden? – Welche nennenswerten eigenständigen Fernsehproduktionen sind zu nennen, die Shakespeare, namentlich seinen großen Tragödien, gerecht werden konnten?

Aus den vielen *Hamlet*-Filmen, von der Stummfilm-Zeit bis zur Gegenwart, ragen wenige wirklich heraus. Es ist dies (a) ein deutscher Stummfilm von 1920; (b) eine englische Verfilmung von 1948, (c) der russische *Hamlet* von 1964, (d) ein weiterer englischer *Hamlet* aus dem Jahr 1969, (e) die hochgerühmte US-Verfilmung der Tragödie von 1990 und schließlich (f) die schlagend moderne Filmversion des Jahres 2000 aus den USA. Ich möchte kurz auf diese Beiträge eingehen:[87]

---

85 N. Epstein, S. 324

86 „His portrayal is considered definitive, the one with which all others are compared. Philosophical, gentle, a true poet, Gielgud has been asscociated with the play more than any other actor in the century." N. Epstein, S. 340.

87 Gerade zum *Hamlet* entstanden nicht immer die überzeugendsten Filme; das hat zweifellos seine Ursachen in der Komplexität dieses Dramas, das sich in seiner Totalität nie ganz umsetzen lassen wird.

Hamlet-Filme (Auswahl)

1913	GB
1915	USA
1920	**D**
1942	USA
1948	**GB**
1950	GB
1963	GB/DK
1964	**UdSSR**
1969	GB
1970	GB/USA
1983	GB
1989	GB
1990	**USA**
1993	GB
2000	USA

(a) Der deutsche Film, gegen Ende der Stummfilm-Zeit mit der legendären Asta Nielsen in der Hauptrolle (!) gedreht, gilt als ein gelungenes Beispiel eines ersten, sehr eigenständigen Umgangs mit der Textvorlage.

(b) Umstritten war und bleibt die Verfilmung von 1948 unter der Regie Laurence Oliviers wegen der vorgenommenen Kürzungen und der unklaren Interpretation des Hamlet durch den später zu legendärem Ruhm gekommen L. O.
Als beeindruckend in diesem Schwarzweißfilm wurde aber das sparsame ‚setting' empfunden, mit dem die innere und äußere Isolation Hamlets künstlerisch gekonnt vermittelt wurde.

(c) Der russische Film, an dem Boris Pasternak[88] als Übersetzer der Tragödie mitwirkte, wurde hoch gerühmt wegen seiner gelungenen Bildsprache, in die der Text Shakespeares kongruent übertragen worden war, und wegen der kraftvollen Interpretation des Hamlet durch den Hauptdarsteller Innokenti Smoktunovsky.

(d) Die englische Verfilmung aus dem Jahr 1969 nahm den *Hamlet* als Folie für die Darstellung eines Generationskonflikts. Das ‚establishment' wurde dabei scharf attakiert. Die

88 Boris Pasternak (1890–1960), einer der größten russischen Schriftsteller des vergangenen Jahrhunderts, wurde bei uns erst durch seinen ebenfalls verfilmten Roman *Doktor Schiwago* einer breiteren Öffentlichkeit bekannt.

ältere Generation wurde als selbstgefällig, heuchlerisch und moralisch verworfen gezeigt und die jüngere als ihr Opfer.[89]

(e) Wie weit man sich von Shakespeare entfernen darf, ohne ihn zu ‚missbrauchen', bewies der US-amerikanische *Hamlet*-film mit Mel Gibson in der Hauptrolle unter der Regie von Franco Zefirelli aus dem Jahr 1990. Der Zuschauer erlebt einen aufs Ganze gehenden, zupackenden Hamlet in einem spannenden Film, der fast ein Krimi ist.

(f) Michael Almereydas Verfilmung aus dem Jahr 2000 erhielt höchstes Lob (Los Angeles Times: „one of this year's great film"; Washington Post: „what really works isn't its grimmickry, it's the drama self"). Es wurde neben dem Regisseur auch den Schauspielern zugesprochen (Ethan Hawke als Hamlet; Kyle McLachlan als Claudius; Diane Venora als Gertrude und Bill Murray als Polonius), denen ein hinreißendes Spiel gelang in einer zeitbezogenen Übertragung der Tragödie in die Glitzeratmosphäre des heutigen New York. Das Königreich Dänemark ist ein Großunternehmen, und der Geist von König Hamlet erscheint auf der Terrasse eines mondänen Hotels.
Es wird sicherlich auch zukünftig gute und weniger gute Versuche geben, den *Hamlet* und andere Stücke Shakespeares für den Film einzurichten. Mit welch gutem Erfolg das grundsätzlich in diesem Medium möglich ist, haben neben den älteren Filmen auch Beispiele zu anderen Stücken Shakespeares bewiesen.[90] Damit darf die Hoffnung verknüpft werden, dass viele, die für ein Shakespeare-Stück nicht ins Theater gehen, erst recht keinen Shakespeare-Text lesen, durch den Film doch ein wenig von deren Schönheit und Zeitlosigkeit erfahren, und nicht bekennen müssen: „Shakespeare? Nie gehört!"

---

89 Im Jahr 1968 fanden die ersten großen Studenten-Unruhen statt. Es war ein gewaltiger Aufbruch der ‚Linken', und der Ruf der Stunde lautete: „Nieder mit dem Establishment!"

90 Geradezu populär wurden die beiden Filme *Romeo and Juliet* (1996) sowie *Shakespeare in Love* (1998).

5. Materialien

An das Ende der Ausführungen stelle ich noch eine kleine Auswahl an Stimmen zur Bedeutung des Hamlet und zu seiner konkreten Bühnenrealisation aus der Erfahrung von Theaterfachleuten, Schauspielern und verbrieften Shakespeare-Kennern. Sie müssen auf wenige ‚spotlights' beschränkt bleiben. Die Bandbreite an teilweise extremen Auffassungen, wie die Tragödie auf die Bühnen gebracht worden ist, und an artikulierten Vorstellungen, wie das zeitgemäß zu geschehen habe, kann damit nur angedeutet werden.

---

(1) Theodor Fontane (1819–1898) war in seinem ‚zweiten Beruf' ein rühriger und kompetenter Theaterkritiker. Aus seiner Feder gibt es kluge Kritiken. Sie lassen aber auch an Deutlichkeit nichts zu wünschen übrig. Fontane hat zu verschiedenen Hamlet-Aufführungen zwischen 1870 und 1894 Aufführungskritiken geschrieben. In seiner Kritik vom 31. Mai 1874 geht er auf die Bedeutung des „Theaterapparates" für das Gelingen/ Misslingen jeder *Hamlet*-Aufführung ein.

Der Hamlet kann ohne Apparat nicht bestehen. Und dieser ist nun mal bei unserer k. Bühne der schwächste. Es ist, als ob mit Hilfe des ewigen Ballettkunst samt ihrem obligaten Zauber, der wirkliche Zauber, der auch diesen Dingen anhaften kann, total verloren gegangen wäre. Man kann sich daran gewöhnen, alles schematisch und rein äußerlich zu betreiben (...). Ich versichere feierlich: nirgends in der Welt, wo immer auch ich derartigen Dingen begegnet bin, haben sie mich so kalt gelassen, so ernüchtert wie gerade bei uns. Ich habe anderer Orten den entsprechenden Apparat, nach der technischen Seite hin, viel schlechter, aber nie so wirklungslos, nie so total entzaubert gesehen (...) Um nur ein Beispiel zu geben, die Erscheinung des Julius Caesar im Zelte des Brutus wirkt wie ein aufgeschreckter Gymnasial-Direktor, der, mit übergeworfenem Schlafrock, plötzlich an ein vollmondbeschienenes Fenster tritt und konnte, offen gestanden, mich ebenso wenig entzücken, wie das gestrige Geister-Kostüm des alten Hamlet, der einen halben Truthahn auf dem Helm und (absichtlich oder nicht) einen mehr rätsel- als gespensterhaft hin und her pendelnden Behang hinten an seiner Grau-Bluse trug (...) Alles, alles, Äußeres und Inneres sollte anders sein und könnte es sein (...)[91]

---

2) Ein anderer, ebenso berühmter wie umstrittener Theaterkritiker, Alfred Kerr (d. i. Alfred Kempner, 1867–1948), bezweifelt die Zeitgemäßheit des Werkes in einer Kritik vom 30. Oktober 1909:

Aber seien wir ehrlich: das Werk hat uns (...) heute nichts mehr mitzuteilen. Nicht nur, weil Hamlet infolge von Rapierverwechslung stirbt, die Königin infolge von Gläserverwechslung stirbt. Hamlets Monologe nähern sich, heute, dem Selbstverständlichen; die Fragen, die uns angehn, stellen sie nicht. Wir haben zu erkennen, dass es albern wäre, sich in den Umschwüngen dieser Gegenwart, dieser stärksten bekannten Menschheitsepoche, zurückzuschrauben. Wer die heutige Welt erfasst, ist nicht größer als Shakespeare; doch er ist weiter. (Noch der dümmste der Australneger ist weiter als der genialste der Schimpansen.)[92]

91 Theodor Fontane, *Theaterkritiken 1870–1874*, S. 186 ff.
92 Alfred Kerr, *Theaterkritiken*, S. 63

3) Holger Klein hebt in seiner Einführung die Tragödie u. a. als das dichteste Bühnenstück des gesamten Elisabethanischen Zeitalters hervor.

Hamlet ist die ‚schauspielbewussteste' Tragödie Shakespeares (...) Mit seiner Welthaltigkeit, seiner Fülle von Themen, Gedanken, Stimmungen und Emotionen, mit seiner ungewöhnlichen Variation der Darstellungsformen (...) sowie mit seinen Organisationsmethoden und Verknüpfungstechniken (...) erscheint Hamlet (trotz seiner abnormen Länge) selbst als ‚abstract and brief chronicle' der Zeit und zugleich als eine Art Organon Elisabethanischer Dramaturgie.[93]

---

4) In seinem knappen, jedoch sehr informationsreichen Buch betont der Shakespeare-Gelehrte Frank Kermode die Sonderstellung des *Hamlet* im Schaffen Shakespeares:

'Julius Caesar', though, in its way an experimental tragedy, deliberately using a narrow range of tones, lacked the bravura of 'Romeo and Juliet' and the scope and power of the next tragedy, 'Hamlet'. With that play we may think the British theater reached its apogee; and, despite the achievements that follow, it is the masterpiece we asscociate most closely with the Globe and with the unmatched dramatic riches of the first decade of the new century.[94]

---

5) Zwischen individueller Willensentscheidung und ausgeliefert an die Schicksalsmächte sieht Hans-Dietrich Gelfert die Helden Shakespeares.

93 Holger Klein, S. 36
94 Frank Kermode, S. 132

Das charakteristische Merkmal von Shakespeares Weltsicht ist (...) Ambivalenz. Er fordert die Herrschaft der Vernunft und zeigt doch zugleich, dass der Mensch nur durch Leidenschaft zu großem Handeln fähig wird. Er billigt seinen Figuren Willensfreiheit zu und lässt sie trotzdem als Spielball des Schicksals erscheinen.[95]

—

6) Ganz ähnlich formuliert Walter Klier Hamlets Problem, der nicht weiß, wie er die Widersprüche des Lebens und in sich selbst auflösen kann.

Shakespeares Helden quält immer wieder das Gefühl, dass ihre Zeit „aus den Fugen" sei und es ihnen obliege, etwas dagegen zu tun oder wenigstens – etwas zu sagen: „Gebt mir frei / Zu reden, wie mirs dünkt, und durch und durch / Will ich die angesteckte Welt schon säubern." Es ist Hamlets Problem, dass er eine unabweisbare Verantwortung fühlt, aber den Punkt nicht findet, wo der Hebel anzusetzen wäre.[96]

—

7) Der bleibende Eindruck der Tragödie für Nicolas Royle ist der eines „offenen Endes"; das Stück hört da auf, wo es ebenso gut weitergehen könnte.

But perhaps the most astonishing effect of the ending of Shakespeare's play consists in a sense of strangely stopping short, of something terribly foreclosed, of a tale still to be unfolded. There is something like an aposiopesis of thinking and feeling. We are solicitated. The rest is up to us, mutes.[97]

95 Hans-Dietrich Gelfert, S. 48
96 Walter Klier, S. 114
97 Nicolas Royle, S. 70. Aposeopesis: plötzlicher Gedankenabbruch

8) Für den bedeutenden Shakespeare-Forscher Jan Kott stellt die Tragödie, die letztlich deutungsoffen ist, eine immer wieder faszinierende Herausforderung für jeden dar, der sich mit ihr beschäftigt.

In ‚Hamlet' gibt es viele Fragen: die Politik, die Gewalttätigkeit und die Moral, den Streit um die Übereinstimmung von Theorie und Praxis, um die letzten Dinge und den Sinn des Lebens; ‚Hamlet' ist eine Tragödie der Liebe, der Familie, des Staates, es ist eine philosophische, eschatologische und metaphysische Tragödie. Alles, was ihr wollt! Und obendrein eine aufrüttelnde psychologische Studie. Eine blutige Fabel, ein Duell und ein großes Gemetzel sind darin enthalten. Man hat die Wahl. Aber man muss wissen, wozu und weshalb man wählt.[98]

---

9) Über eine legendäre *Hamlet*-Aufführung (National Theatre, London 1964) lesen wir bei dem bedeutenden Theaterkritiker Siegfried Melchinger:

Einen solchen Hamlet hat man noch nie gesehen: Peter O'Toole, ein blonder Hüne, der über die Bühne schlurfte wie durch eine verhasste Welt. Er hatte sich drei Phasen – wir könnten auch sagen: Stufen – zurechtgelegt. In der ersten bewilligte er sich Tränen: O schmölze doch dies allzu feste Fleisch (I, 2) – ein Melancholiker, der an der Welt leidet, in der er zu leben gezwungen ist. Die zweite Phase, ausgelöst durch die Begegnung mit dem Vater, dem Geist, beendet jäh diesen Dämmerzustand. Gezwungen, Kontakt mit der verhassten Welt zu suchen, jagte sich dieser Hamlet in die schärfste Aggression. Er genoss die Schocks, die er auslöste. Ein zorniger junger Mann von damals und heute, und doch mehr:

98 Jan Kott, S. 78

ein Empörer gegen die Welt, wie sie ist. In der dritten Phase erschien ein rästelhaftes Lächeln auf seinen Zügen. Er lächelte an Ophelias Grab, Yoriks Schädel in der Hand, er ging lächelnd in das große Morden. Eine einzige mitmenschliche Regung, die er, schon sterbend, zeigte, enthüllte den Grund dieses Lächelns (V, 2). Während er dem Freund Horatio den Giftbecher entriss, bäumte er sich auf: „Wenn du mich je in deinem Herzen trugst, verbanne noch dich von der Seligkeit und atme, in dieser harschen Welt mit Müh', um mein Geschick zu melden." Seligkeit, felicity, die nahe Erlösung also – das war der Grund des Lächelns.[99]

---

10) Die Schauspielerin Adele Sandrock plädierte dafür, dass gerade Hamlet auch von einer Frau auf der Bühne dargestellt werden soll. Sie erkannte in der Tragödie die Verkörperung des Menschentums.

Ich habe den Hamlet gespielt, weil er für mich eine Quelle steter Erneuerung war. Ich brauchte ihn wirklich für mein Innenleben (...) Hamlet war für mich ein Problem und ich freute mich, den Geist und die Kraft zu besitzen, dieses Problem zu lösen. Wenn ich so reich wäre, mir zeitweilig ein Theater zu mieten, um darin mit einer Gruppe Gleichgesinnter den Hamlet aufzuführen, für mich allein, ich würde ihn nie vor einem Publikum spielen. Wie König Ludwig allein im Theater saß, um ungestört zuzuhören, so wollte ich Akteur und alleiniger Zuhörer in einer Person sein. Den geistigen Gehalt des Hamlet ganz auszuschöpfen, ist auch für eine Schaupielerin pädagogisch von allergrößter Wichtigkeit. Von ihm stammt die moderne Schauspielkunst ab. Der Zuhörer wird den Hamlet nie erfassen, der den Begriff ‚Mann' in ihm sieht. Er ver-

99 Siegfried Melchinger, zitiert nach: Reiner Poppe, *Hamlet*, S. 77, Königs Erläuterungen und Materialien

körpert das Menschentum, und es ist daher nicht unkünstlerisch, wenn Hamlet von einem Weibe dargestellt wird.[100]

---

11) Zu einer ungewöhnlichen Inszenierung der Tragödie wagte sich in Köln der Regisseur Frank Castorf vor, zu der im Kölner Stadt-Anzeiger vom 19. April 1989 zu lesen war:

Dies ist die grösste Irritation seit vielen Jahren im Kölner Schauspielhaus. Wer bei „Hamlet-Material von William Shakespeare" eine auch nur annähernd „richtige" Shakespeare-Aufführung erwartet, wird schwer enttäuscht, denn der Regisseur Frank Castorf (...) betreibt Demontage und Reduktion, lässt nur Fragmente des Textes – in der sehr plastischen Übersetzung Heiner Müllers – stehen, verkleinert auch das Personenverzeichnis radikal. Und er entwickelt seine Szenen im Theater in der Kuppel immer wieder aus Ensemble-Situationen, die zunächst mehr mit dem Alltag als mit der Tragödie „Hamlet" zu tun haben (...) Er bemächtigt sich (...) nicht des Stückes, um es nach seinem Willen in eine bestimmte Fasson zu bringen. Er zerlegt es in Teile, die er dann auf eine ganz ungewohnte Weise zusammen mit seiner Truppe erspielt. Aus einer groß angelegten Handlung werden viele kleine Handlungen, zwischen denen sich tiefe Klüfte öffnen – an den Stellen, wo gestrichen wurde (...) Nicht immer sind die Einfälle, aus denen Castorf und das Ensemble ihr „Play Hamlet" entwickeln, so schlicht und trivial. Susanna Kraus – oder ist sie in diesem Augenblick doch Ophelia? – verschmiert ein zerschlagenes Ei auf dem Kühlschrank, leckt die glitschigen Finger und Hände ab: Dies ist nur eines von mehreren nicht gar so appetitlichen Bildern für Sinnlichkeit und Begierde. Oder eine reine, künstlich-alberne Clownsnummer:

---

100 W. Unger, S. 35

Hamlet, von Kopf bis zu den Knien in Packpapier eingewickelt, läuft umher, lässt Eier fallen und wird zur wandelnden Wundertüte, wenn er dem neugierigen Polonius mit einem Knall Konfetti ins Gesicht schießt.[101]

---

12) Einer der großen Bühnen- und Filmdarsteller unserer Zeit, Mel Gibson, dessen Hamlet-Interpretation von der Kritik hoch gelobt worden ist (1990), äußerte sich zu der Schwierigkeit, die geistige und sprachliche Komplexität der Rolle in den Griff zu bekommen.

Then there's the lines. I know them. I've read them so many times. I go to sleep thinking about them, but the character is so confusing. It doesn't matter how many times you nail him or you think you've nailed him. It's the most [expletive] elusive thing. Every time you go back to it[the text] there's something else there which completely negates what you were thinking about before.[102]

---

13) In ganz modernem Gewand präsentierte sich der *Hamlet* im Londoner Greenwich Theatre im Jahr 1999. Abermals wurde deutlich, dass zu diesem Stück ein Ende von Experimenten und Überraschungen noch lange nicht in Sicht ist:

Der Hamlet im Greenwich Theatre kommt daher wie ein völlig anders Stück. Rupert Wickham spielt ihn in bis an den Hals geknöpftem dunklem Anzug, mit dick gerandeter Hornbrille, und seine Entscheidungen werden eher von äußeren Ereignissen be-

101 Rainer Hartmann im Kölner Stadtanzeiger vom 19. April 1989
102 zitiert nach: Norrie Epstein, S. 336

stimmt als von den Analysen und Selbstgesprächen. Insgesamt ähnelt Hamlet in Christopher Geelans Inszenierung den zornigen jungen Männern von John Osborne oder auch Arnold Wesker.[103]

---

14) Als Bühnenstück beziehe der *Hamlet* seine immerwährende Bühnenaktualität aus der Authentizität, mit der in ihm das Theater an sich lebendig gemacht werde, lesen wir bei David Bevington, dem Herausgeber der Tragödie in der Reihe ‚Bantam Classic':

The play's reflexive interest in the art of theatre is everywhere evident, in Hamlet's instructions to the players and in his appraisal of himself as an actor, as he explores all that it might mean to „act". Shakespeare wrote Hamlet with his own theater very much in his mind, and, paradoxically, precisely this has allowed it to remain so vibrantly alive in the modern theatre.[104]

---

15) Als Schule des Lebens betrachtet Laurie Maguire alle Stücke Shakespeares, die Komödien wie die Tragödien.

Each of Shakespeare's plays depicts a human predicament and attempts a solution. The predicaments are personal, political, social (in other words: human), and the solutions, whether comically successful or tragically ill timed, come from characters whose motivations and mistakes are recognizably contemporary. In reading these plays we encounter life's predicaments and characters' strategies for dealing with them. In other words, Shakespeare's plays offer life coaching.[105]

103 Vera Elyashiv im Kölner Stadt-Anzeiger vom 10. Juni 1999
104 David Bevington (Hg.), *Shakespeare: Four Tragedies*, S. 23
105 Laurie Maguire, S. 2

Literatur

Auf die mit einem knappen Kommentar versehenen Titel möchten wir den jugendlichen Leser/Lerner besonders hinweisen. Darüber hinaus sind auch die unkommentiert aufgelisteten Titel jedem Shakespeare-Kenner geläufig; sie geben nur einen Bruchteil der unendlich umfangreichen Begleitliteratur zum Werk Shakespeares wieder. Hier enthalten wir uns eines Einzelkommentars, weil diese Titel den Rang von Standardwerken haben, für eine erste Begegnung mit dem Leben und Werk William Shakespeares, insbesondere wenn es sich um nur einen Titel handelt *(Hamlet)*, nicht vorrangig wichtig und geeignet sind.

1. Ausgaben

Hamlet. Herausgegeben von H. M. Klein. Bd. 1: Text (Engl./Dtsch). Bd. 2: Kommentar. Stuttgart, 1984 (Der Neue Reclam Shakespeare) – RUB 8243.
(Nach dieser Ausgabe wird zitiert.)

Hamlet. Herausgegeben von W. G. Clark und W. A. Wright. Cambridge/London, 1984 (The Globe Edition).

Hamlet. Herausgegeben von Edward Hubler. New York, 1963 (Signet Classic).

2. Konkordanzen

Bartlett, W. (Hg.): *A New and Complete Concordance or Verbal Index to Words, Phrases, and Passages in the Dramatic Works of Shakespeare.* London, 1984.

3. Hamlet-Kritik

Andrews, W. T. (Hg.): *Critics on Shakespeare.* London, 1973.

Bevington, D. A. (Hg.): *Twentieth Century Interpretations of Hamlet.* Englewood Cliffs, 1968.

Erzgräber, W.: *Probleme der Hamlet Interpretation im 20. Jahrhundert.* Darmstadt, 1977.

Johnson, S.: *Vorwort zum Werk Shakespeares.* Mit einer Einleitung herausgegeben von M. Mainusch. Stuttgart, 1987.

Kott, J.: *Shakespeare heute.* München, 1964.

4. Elisabethanisches Zeitalter

Dodd, A. H.: *Life in Elizabethan England.* London, 1961.

Kermode, F.: *The Age of Shakespeare*. New York, 2004.

Nette, H.: *Elisabeth I.* Reinbek bei Hamburg, ^{5}1999.

Suerbaum, U.: *Das Elisabethanische Zeitalter.* Stuttgart, 1989.

Schabert, I. (Hg.): *Shakespeare-Handbuch.* Stuttgart, 1972.

Tillyard, E. M. W.: *The Elizabethan World Picture. A study of the idea of order in the age of Shakespeare, Donne and Milton.* London, 1943; Harmondsworth, 1972; New York, o. J.

5. Biografien, Monografien, Lebensbilder

Bradbrook, M. (Hg.): *Shakespeare*. New Jersey, 1986.

Burgess, A.: *Shakespeare*. London, 1970.

Gelfert, H. D.: *Shakespeare*. München, 2000.

Graham, R.: *Shakespeare – A Crash Course*. New York, 2000.

Greer, G.: *Shakespeare*. Oxford – New York, 1986.

Honigmann, E. A. J.: *Shakespeare, the lost years.* Manchester – New York, 1998.

Posener, A.: *William Shakespeare.* Reinbek b. Hamburg, 1995. (*Bestens geeignet als ergänzende Lektüre, wenn es dem Leser um eine lebens- und werkbezogene Gesamtschau zu W. Sh. geht*)

Schoenbaum, S.: *William Shakespeare. A Compact Documentary Life.* New York, 1979.

6. Untersuchungen und Darstellungen

Baumann, U.: *Shakespeare und seine Zeit.* Stuttgart, 1998.
(Sehr zu empfehlen für den interessierten Lerner mit einer verständlichen und knappen Einführung in das Elisabethanische Zeitalter.)

Bradbrook, M.: *The Living Monument: Shakespeare and the Theatre of His Time.* Cambridge (Mass.), 1976.

Epstein, N.: *The friendly Shakespeare. A Thoroughly Painless Guide to the Best of the Bard.* New York, 1993.
(Dieses pfiffig aufbereitete Buch kann man nicht in einem Zuge durchlesen. Neben Interpretationen wartet N. E. mit vielen interessanten Details am Rande auf.)

Hussey, M.: *The World of Shakespeare and his Contemporaries. A Visual Approach.* London, 1971.

Klier, W.: *Das Shakespeare-Komplott.* Göttingen, 1997.

Laroque, F.: *Shakespeare. Court, Crowd and Playhouse.* London, 1993. Zuerst erschienen in Paris (Gallimard), 1991.
(Ein sehr liebevoll aufbereitetes Buch mit vielen Illustrationen, das auf eingängige Weise eine gute Gesamtübersicht über viele Details des Alltags der Shakespeare-Zeit vermittelt.)

Maguire, L.: *There's A Will, There's A Way. Or, All I Really Need to Know, I Learned from Shakespeare.* New York, 2006.

McLeish, K./S. Unwin: *A Pocket Guide to Shakespeare's Plays.* London, 1998.
(Lohnende Investition; gut gegliederter und überschaubarer Führer durch Shakespeares Bühnenwerk.)

Oppel, H.: *Shakespeare. Studien zum Werk und zur Welt des Dichters.* Heidelberg, 1963.

Royle, N.: *How To Read Shakespeare*. New York/London, 2005.

Suerbaum, U.: *Shakespeares Dramen.* Düsseldorf – Bern – München 1980

Tauber, A. M.: *Die Sterbeszenen in Shakespeares Dramen.* Bern – München, 1964.

7. Direkte Lernhilfen zum *Hamlet*

Bevington, D. (Hg.): *William Shakespeare. Four Tragedies: Hamlet, Othello, King Lear, Macbeth.* New York, 1988 (A Bantam Classic).
(Bühnentexte mit einem ausführlichen Vorwort von Joseph Papp, sehr informativen Einleitungen zu den Tragödien sowie weiteren Hinweisen und Materialien zu ihrer Enstehung und Bühnengeschichte. Darf in keiner Shakespeare-Bibliothek fehlen.)

Davies, B. (Hg.): *Hamlet*. London – Glasgow, 1984.

Feingold, M.: *William Shakespeare. Hamlet*. Stuttgart, ^{4}1997 (Klett Lektürehilfen/Barron's Book Notes).
(Aus der bewährten und anspruchsvollen Klett-Reihe ein Titel, der gute englische Sprachkenntnisse voraussetzt, im Übrigen jedoch sehr verständlich geschrieben.)

Gurr, A.: *Hamlet and the Distracted Globe*. Edinburgh, 1978.

Höfele, A.: *Hamlet*. In: Literaturstudium. Interpretationen. Stuttgart 2000 (RUB 17513), S. 238–272.
(Zum weiterführenden Studium der Tragödie; wiederholtes Lesen erforderlich.)

Hubler, E. (Hg.): *William Shakespeare. The Tragedy of Hamlet, Prince of Denmark*. New York, 1963 (Signet Classic), darin:
- M. Mack, *The World of Hamlet*, S. 234–256.
- C. Heilbrun: *The Character of Hamlet's Mother*, S. 265–274.
- S. Barnet: *Hamlet on Stage and Screen*, S. 275–289.

(Alle Beiträge zeichnen sich durch Klarheit und gute Lesbarkeit aus.)

Klein, H.: *Shakespeare: Hamlet. Zur Einführung in das Drama*. Stuttgart, 1984, S. 13–49.
(Detaillierte Darstellung; für die Nacharbeit besser geeignet als zur Einführung.)

McKernan, L./O. Terris (Hg.): *Walking Shadows. Shakespeare in the National Film and Television Archives.* London: British Film Institute, 1994.

Poppe, R.: *William Shakespeare, Hamlet*. Hollfeld, ^{4}1997 (Königs Erläuterungen und Dokumente).

Poppe, R.: *Hamlet*. In: R. P., William Shakespeare (Literaturwissen). Stuttgart, 2000, S. 141–160.
(Interpretationen zu 10 Bühnenwerken und, übersichtlich dargestellt, geeignet für eine erste Begegnung mit der Person und dem Werk Shakespeares.)

Rudnick, H. H. (Hg.): *William Shakespeare. Hamlet*. Stuttgart, 1998 (Reclam, Erläuterungen und Dokumente).
(Bewährte Materialiensammlung; besonders geeignet für vertiefende Studien.)

Stockton, C. L.: *Shakespeare's Hamlet*. Foster City, CA 2000 (Cliffs Notes).
(Eine sehr detailliert aufbereitete Lernhilfe mit ausführlicher Inhaltsangabe, Kommentaren und Charakteranalysen.)

Thompson, A./N. Taylor: *William Shakespeare. Hamlet*. Plymouth, 1996.
(*Dicht, anspruchsvoll; für Schüler deshalb nur bedingt geeignet.*)

8. Sonstige

Daiber, H.: *Deutsches Theater seit 1945.* Stuttgart, 1976.

Fontane, Th.: *Theaterkritiken 1875–1894.* 4 Bände. Frankfurt/M. - Berlin - Wien, 1979.

Frenzel, H. A.: *Geschichte des Theaters. Daten und Dokumente 1740–1840.* München, 1979.

Kerr, A.: *Theaterkritiken.* Herausgegeben von Jürgen Behrens. Stuttgart, 1972 (RUB 7962/63).

Malpass, E.: *Liebt ich am Himmel einen hellen Stern/Sweet Willi*. Hamburg, 1974/London 1973

Malpass, E.: *Unglücklich sind wir nicht allein/The Cleopatra Boy.* Hamburg, 1975/London, 1974.

Mehl, D.: *Das englische Drama. Vom Mittelalter bis zur Gegenwart.* Düsseldorf, 1970.

Randle, J.: *Understanding Britain. A History of the British People and Their Culture.* London, 1986.

Weiß, W.: *Das Drama der Shakespeare-Zeit.* Stuttgart, 1979.

Unger, W.: *Wofür ist das ein Zeichen?* Köln, 1985.

Updike, J.: *Gertrude und Claudius.* Reinbek bei Hamburg, 2001.

9. Verfilmungen des *Hamlet* (siehe Kap. 4)

Hamlet. GB 1948
Laurence Olivier als Hamlet.

Hamlet. GB 1969
Nicol Williamson als Hamlet.

Hamlet. USA/GB/F 1990
Mel Gibson als Hamlet.

Hamlet. USA/GB 1996
Kenneth Branagh als Hamlet.

Hamlet. USA 2000
Ethan Hawke als Hamlet.